지성 개선론

지성 개선론

그리고 사물들에 대한 참다운 인식으로
지성을 가장 잘 인도하는 길에 대한 논문

B. 스피노자 지음 | 강영계 옮김

서광사

이 책은 「스피노자 전집」(Benedicti de Spinoza, Opera, vol. Ⅱ, Leipzig, 1844) 제2권 중
「지성 개선론」(*Tractatus de Intellectus Emendatione*)을 완역한 것이다.

지성 개선론

B. 스피노자 지음
강영계 옮김

펴낸이 | 김신혁, 이숙
펴낸곳 | 도서출판 서광사
출판등록일 | 1977. 6. 30.
출판등록번호 | 제 406-2006-000010호

(413-120) 경기도 파주시 회동길 77-12
대표전화 (031) 955-4331 팩시밀리 (031) 955-4336
E-mail: phil6161@chol.com
http://www.seokwangsa.co.kr | http://www.seokwangsa.kr

제1판 제1쇄 펴낸날 — 2015년 11월 10일
제1판 제2쇄 펴낸날 — 2020년 9월 20일

ISBN 978-89-306-2163-2   94160
ISBN 978-89-306-2164-9   94160(세트)

옮긴이의 말

1970년대 중반 독일로 유학을 간 나는 많은 것들을 보고, 듣고, 배우면서 무엇보다도 '철학하기'가 과연 이런 것이구나라고 깊이 느낄 수 있었다. 그곳에서 나는 철학에 관심을 가진 대학 새내기들의 기초 강의에 한두 시간 참석한 일이 있었다. 남녀 새내기 학생 열 명 정도가 데카르트의 「방법론」을 직접 읽어가면서 자유 토론에 열을 올렸고 두 시간 정도 지나자 교수가 정리 정돈하면서 다음 주 세미나 시간에 다룰 「방법론」 중에서 특히 관심을 가지고 읽어야 할 주제를 강조하였다.

데카르트 「방법론」의 원래 제목은 「방법론, 자기 자신의 이성을 잘 인도하여 학문에서 진리를 탐구하기 위한: Discours de la methode, pour bien conduire sa raison, & chercher la vérité dans les sciences」이다. 세미나 담당 교수는 「방법론」을 철저히 읽으면서 반드시 스피노자의 「지성 개선론」과 라이프니츠의 「단자론: Monadologie」도 함께 읽어 이 세 철학자가 인식론, 형이상학, 윤리학의 구체적인 주제들을 어떻게 서로 다르게 취급하고 있는지 숙고하기를 당부하였다. 「지성 개선론」의 원 제목은 「지성 개선론 그리고 사물들에 대한 참다운 인식으로 지성을 가장 잘 인도하는 길에 대한 논문: Tractatus de intellectus emendatione et de via, qua optime in veram rerum cogitionem dirigitur」이다.

당시 내가 깨달은 것은 데카르트(1596–1650)의 「방법론」과 스피노자(1632–1677)의 「지성 개선론」 그리고 라이프니츠(1646–1716)의 「단자론」이 철학의 기초와 철학을 어떻게 이해해야 하는지를 소개하고 가르치는 대표적인 철학 개론서들이라는 것이었다. 철학개론서들에 들어 있는 가장 기본적인 철학적 주제와 문제들을 현실과 연관해서 숙고하고 토론하는 것이 철학 새내기들의 진지하고도 성실한 철학하기의 자세일 것이다.

약 25년 전 나는 5년 이상의 긴 작업 시간을 들여 스피노자의 「에티카」를 번역하였다. 그 후 소위 정년퇴직을 하기까지 프로이트, 라캉, 벤야민, 보드리야르 등의 사상에 심취하기도 했고, 몇 차례나 플라톤 전집을 놓고 씨름하다가 사서(四書)나 노자와 장자, 또는 나가르쥬나 바가바드기타, 우파니샤드 등의 흔적 없는 발길을 뒤쫓는답시고 방황하기도 하였다. 그러다가 작년부터 토요 세미나 시간에 학생들과 나 자신에게 철학 개론을 처음부터 숙고할 수 있는 여유를 마련해 보는 것이 좋으리라고 생각하여 데카르트의 「방법론」 원전 강독을 시도하였다. 그러던 중에 데카르트, 스피노자, 라이프니츠의 철학 개론서들을 직접 번역하기로 마음먹고 작년 가을부터 「지성 개선론」 번역을 시작하여 이제 끝맺음의 단계에 들어섰다. 「지성 개선론」의 한글 번역은 처음이고 「방법론」과 「단자론」은 이미 한글 번역본이 많이 나와 있지만, 역자는 가능한 한 상세한 역주를 달고 이해하기 쉽게 번역할 필요가 있다고 생각하여 「방법론」과 「단자론」도 기회가 닿는 대로 직접 번역할 계획이다.

스피노자의 「지성 개선론」은 철학하기의 기초일 뿐만 아니라 학문의 기초이기도 하다. 소위 배움에 몸담고 동시에 배움에 뜻이 있는 사람들은 누구나 쉽게 접하고 이해할 수 있는 '학문의 방법론과 목적'에 관한 기본서가 바로 「지성 개선론」이다.

이 책의 번역에 사용한 라틴어 원전과 독일어 대역본 및 영어 번역본은 다음과 같다. Benedicti de Spinoza, Opera, vol. II, Lipsiae, 1844. 이 책의 차례는 라이프치히 판을 따랐다. Spinoza, Tractatus de intellectus emendatione, Darmstadt, 1980. Spinoza, Complete works with translation by Samuel Shirley, Cambridge, 2002.

역주는 1) (역주) ⋯ 2) (역주) ⋯처럼 표시하고 원주에는 숫자만 표시하였다.

또한 독자들의 이해를 돕기 위해서 책의 말미에 '해설'과 '스피노자 연보'를 따로 첨가하였다.

양서 제작과 보급에 일생을 바쳐 온 서광사의 김신혁 사장님, 이숙 부사장님 그리고 편집진에게 마음 다하여 고마움을 전한다.

옮긴이 강영계

차례

독자들에게 드리는 말

우리들이 지금 친애하는 독자인 그대에게 미완성된 상태로 제시하는 이 지성 개선론 등은 저자가 이미 여러 해 전에 저술하였다. 저자는 항상 그것을 완성시키려는 의도를 가지고 있었으나 다른 일들로 방해를 받고 끝내는 죽음으로 우리 곁을 떠났으므로 그가 원했던 대로 저서를 끝맺을 수 없었다. 그러나 이 논문은 앞으로, 성실한 진리 탐구자에게 적지 않은 이익이 될 수많은 탁월함과 유용함을 포함하고 있다고 확신하기에 우리들은 그대에게 이 논문을 남기려 한다. 그리고 이 논문 안에는 수많은 모호함과 아직까지 완성되지 못한 것이 있어서 나타나는 세련되지 못함을 그대가 너그럽게 여겨 주기 위해서도 이러한 상황을 아는 것이 적절하다고 우리들은 생각하였다.

안녕을 빌면서(유작〈遺作〉 편집자들의 말).

지성 개선론

그리고 사물들에 대한 참다운 인식으로
지성을 가장 잘 인도하는 길에 대한 논문

Tractatus
de
Intellectus
Emendatione

Et de via, qua optime in veram rerum
Cognitionem dirigitur

1

대부분의 사람들이 바라는 선

경험이 나에게, 일상생활에서 자주 생기는 모든 것들은 공허하고 무익하다는 것을 가르쳐준 후 나는 다음과 같은 사실을 알았다. 즉 나의 두려움의 근원이며 또 내가 두려워하는 모든 것들은 마음(animus)이[1] 그 것들에 의해서 움직여지는 한 그 모든 것들 안에 선한 것과 악한 것들을 소유한다는 것이다. 그렇기 때문에 나는 결국, 그 자체로써 의사소통이 가능하며 여타의 모든 것들을 제외하고 오로지 마음에 영향을 미칠 수 있는 어떤 것이 존재하는지의 여부를, 그리고 내가 그것을 발견하고 획득하면 지속적인 최고의 기쁨을 영원히 향유할 어떤 것이 존재하는지의 여부를 탐구하기로 결심하였다.

나는 '나는 결국 결심하였다'[2]라고 말한다. 왜냐하면 아직 불확실하

---

1 (역주) 아니무스(animus)는 삶, 영혼, 정신, 마음 등의 뜻을 가지고 있어서 아니마(anima)와 유사한 의미를 나타내지만 아니마(anima)는 일반적으로 아니무스(animus)보다 더 인간의 본질적이며 보편적인 영혼 내지 정신을 의미한다. 역자는 아니무스(animus)를 '마음'으로 옮겼다.

2 (역주) 'me tandem constituisse'(나는 결국 결심하였다)는 스피노자가 학문(철학)의 궁극적 근거를 탐구하기로 결심한 것을 말한다.

다고 해서 확실한 것을 포기하려는 것은 첫눈에 보기에도 바람직하지 않게 여겨지기 때문이다. 나는 물론 사람들이 명예와 부(富)로부터 획득하는 장점들(commoda)을[3] 알았으며 만일 내가 진지하게 다른 것, 새로운 것을 얻으려고 노력한다면 나는 그것들을[4] 얻지 못하도록 강요 당하리라는 것을 알았다. 그리고 만일 최고의 행복(summa felicitas)이[5] 명예와 부 안에 놓여 있다고 한다면 분명히 나는 그러한 행복을 가지지 못하리라는 것을 통찰하였다. 그러나 최고의 행복이 명예와 부 안에 있지 않음에도 불구하고 내가 오직 명예와 부만을 얻으려고 애쓴다면, 최고의 행복 또한 가지지 못할 것이다.

그러므로 나는, 내 삶의 질서와 일상적인 습관을 바꾸지 않고서도 새로운 습관에 또는 적어도 새로운 습관의 확실성에 도달하는 것이 가능한지를 숙고해 보려고 하였다. 나는 이런 일을 자주 시도했지만 소용없었다. 왜냐하면 대부분 삶에서 일어나고, 인간들의 일에서 파악할 수 있는 것처럼 인간들에게서 최고선(summum bonum)으로[6] 평가되는 것은 다음의 세 가지로, 곧 부(富), 명예 그리고 감각적 쾌락으로[7] 환원되기 때문이다. 이들 세 가지에 의해서 정신은[8] 매우 혼란하게 되어 다른 어떤 선을 전혀 생각할 수 없다.

---

3 (역주) 장점들(commoda)은 장점, 이익, 안락함 등의 뜻을 가진 commodum의 복수형이다.

4 (역주) '그것들'은 사람들이 명예와 부로부터 얻는 장점들을 가리킨다.

5 (역주) 최고의 행복(summa felicitas)에서 행복(felicitas)은 행복감, 행복의 여신, 행복한 결과, 축복 등의 의미들을 가지고 있다.

6 (역주) 여기서는 일상적인 차원의 최고선(summum bonum)을 부, 명예, 감각적 쾌락으로 제시했지만 스피노자는 플라톤적 전통에 따르면서 암암리에 신(자연)을 최고선으로 생각하고 있음을 엿볼 수 있다.

7 (역주) 감각적 쾌락(libido)은 충동이나 욕망 또는 쾌락을 의미한다.

8 (역주) 정신(mens)은 사고, 오성, 사고방식, 성격, 정신 등 여러 가지 의미를 가지지만 역자는 여기에서 mens를 사고하는 정신의 뜻으로 옮겼다.

왜냐하면 마음은 마치 어떤 선 안에 안주하고 있는 것처럼 감각적 쾌락에 의해서 묶여 있기 때문이다. 마음은 그 선의 방해를 받아서 다른 것에 대해서 생각할 수 없다. 그러나 만일 정신을 소멸시키지 않는다면 이와 같은 향유(享有) 후에는, 정신을 혼란하게 하고 무디게 하는 가장 커다란 슬픔(summa tristitia)이[9] 뒤따른다. 또한 명예와 부의 추구에 의해서, 특히 명예와 부가 그것들 자체만을 위해서 추구될 경우[10] 명예와 부는 최고선으로 여겨지기 때문에, 정신은 적지 않게 산만해진다.[11]

그러나 명예에 의해서 정신은 여전히 한층 더 심하게 산만해진다. 왜냐하면 명예는 항상 그 자체로 선한 것으로 여겨지며, 모든 것들이 향하는 궁극의 목적처럼 여겨지기 때문이다. 그리하여 이들 양자의 경우에는[12] 감각적 쾌락의 경우에서와 같은 후회(poenitentia)가 생기지 않는다. 그러나 사람들이 이들 양자를 더 많이 소유하면 할수록 더욱더 기쁨(laetitia)은 커지며 따라서 사람들은 이 두 가지를 증대시키기 위해서 한층 더 큰 자극을 받아들인다. 그러나 만일 어떤 경우 우리들의 희망이 좌절된다면 그때에는 가장 커다란 슬픔이 생긴다. 결국 사람들은 명예 자체를 얻기 위해서 필연적으로 삶을 사람들의 견해에 맞추어야 한다. 말하자면 대중이[13] 피하는 것을 피하고 사람들이 일반적으로

---

9 (역주) 가장 커다란 슬픔(summa tristitia)은 가장 심한 불쾌 또는 가장 심한 우울증을 뜻하기도 한다.

10 이것은, 말하자면 부 자체를 위해서거나 아니면 명예를 위해서 또는 감각적 쾌락을 위해서나 안녕을 위해서(propter valetudinem) 또는 학문들과 예술들의 증진을 위해서 추구되는 부(富)들의 구분에 의해서 보다 더 넓고 명백하게 설명될 수 있을 것이다.

11 (역주) distrahitur mens(정신이 흩어진다)에서 distraho는 찢어진다, 산만해진다, 빼앗긴다 등의 의미를 가지고 있다.

12 (역주) 양자의 경우란 명예와 부의 경우를 말한다.

13 (역주) 대중은 그릇된 속견에 물든 무리이다.

추구하는 것을 추구하지 않으면 안 되기 때문에 명예는 커다란 장애이다.[14]

그러므로 이 모든 것들이 어떤 새로운 습관을 시작하는 데 상당히 방해가 된다는 것을, 오히려 이 모든 것들은 서로 크게 대립되므로 우리들은 하나를 아니면 다른 것을 필연적으로 포기하여야만 한다는 것을 내가 알았을 때, 어떤 것이 나에게 유용한 것인지 나는 탐구하지 않을 수 없게 되었다. 즉 이미 말한 것처럼, 나는 불확실한 선(善)을 얻기 위해서 확실한 선을 버리려고 하는 것처럼 보였다. 그러나 이를 상당히 깊이 생각한 후에 나는 우선 다음의 사실을 발견하였다. 즉 만일 내가 새로운 습관을 갖기 위해서 저것들을[15] 버린다면 나는 그 자체의 본성에 따라서가 아니라 단지 그것의 획득에 연관해서만 불확실한 선을 위해서, (왜냐하면 나는 항구적 선을 추구했기 때문에) 이미 말한 것에서 명백하게 추론할 수 있는 것처럼, 확실한 선 자체의 본성에 따라서 불확실한 선을 포기할 것이다.

그러나 지속적으로 숙고(meditatio)[16]하면서 나는 다음의 사실을 알게 되었다. 즉 내가 근본적으로 숙고할 수 있을 때 나는 어떤 선을 위해서는 어떤 악을 버리게 될 것이다. 왜냐하면 나는 다음의 사실을 알았기 때문이다. 즉 나는 가장 큰 위험 속에서 방황하고 있었으며 온갖 힘을 다하여 비록 불확실할지라도 치료수단을 찾지 않으면 안 되었기 때문이다. 나는 마치 치명적인 질병에 걸려 투병하는 사람과도 같았는데, 그는 만일 치료제가 없다면 죽음이 확실함을 예견하면서 비록 불확실

---

14 (역주) 장애(impedimentum)는 삶의 약점 내지 결점 또는 방해물을 말한다.
15 (역주) '저것들'은 명예, 부, 감각적 쾌락 및 이것들에서 생기는 모든 것들을 가리킨다. 바로 뒤에 나오는 불확실한 선은 명예, 부, 감각적 쾌락과 이것들에서 생기는 모든 것들을 지시한다.
16 (역주) meditatio는 명상, 사색의 뜻도 있으나 여기서는 숙고로 옮겼다.

하다고 할지라도 온갖 힘을 다해서 이 치료제 자체를 찾지 않으면 안 되었다. 왜냐하면 그 치료제에 그의 모든 희망이 놓여 있기 때문이다. 그러나 대중이(vulgus)[17] 추구하는 모든 것들은 우리 존재의 보존에 대해서(ad nostrum esse conservandum) 아무런 치료수단도 제공하지 못할 뿐만 아니라 치료수단을 방해까지 하며, 자주 그 모든 것들을 소유하는 사람들의 몰락의 원인이 되며[18] 또한 언제나 그 모든 것들에 의존하는 사람들의 몰락의 원인이 된다.

왜냐하면 자신들의 부를 위해서 죽을 때까지 박해로 괴로움을 당한 사람들에 관한 많은 예들이 있으며 또한 보물들을 얻기 위해 적지 않은 위험에 처하여 끝내는 자신들의 어리석음으로 목숨을 잃은 사람들에 관한 예들이 상당히 많기 때문이다.

또한 명예를 획득하거나 지키기 위해서 가장 비참한 운명을 견딘 사람들이 적지 않다. 결국 지나친 감각적 쾌락으로 인하여 자기들의 죽음을 재촉한 사람들의 예들이 헤아릴 수 없이 많다.

더 나아가서 이 악들은 다음과 같은 사실에서 생기는 것으로 여겨진다. 즉 모든 행복이나 불행(tota felicitas, aut infelicitas)은[19] 말하자면 오직 우리들이 사랑하여 애착하는 대상의 성질에만[20] 자리 잡고 있다. 왜냐하면 우리들이 사랑하지 않는 것에 의해서는 결코 싸움이 일어나지 않을 것이기 때문이다. 만일 우리가 사랑하는 대상의 성질이 소멸된다면 아무런 슬픔도 없을 것이고, 만일 그것을 다른 사람이 소유하여도 아무런 질투도 없을 것이며, 아무런 공포도, 아무런 증오도, 그리고 한

---

17 (역주) vulgus는 사람들, 대다수의 사람들, 천민, 대중 등의 의미도 가지고 있다.
18 이것들은 한층 더 정확하게 증명되어야 한다.
19 (역주) 행복(felicitas)은 지복(beatituto)과 유사한 의미를 가진다.
20 (역주) 우리들이 사랑하는 대상의 성질.

마디로 말해 아무런 마음의 동요도 없을 것이다. 그러나 이 모든 것들은 우리들이 말한 바로 소멸 가능한 것들에 대한 사랑에서 생긴다.

그러나 영원하고 무한한 것에[21] 대한 사랑은 모든 슬픔을 떠나서 오로지 기쁨만으로 영혼(animum)을 키운다. 이것은 실로 소망할 만한 가치가 있으며 모든 힘을 다 기울여서 추구하지 않으면 안 되는 것이다. 그러나 실제로 나는 '만일 내가 진지하게 숙고할 수만 있다면'(modo possem serio deliberare)이라는 이 말을 근거도 없이 사용하지는 않았다. 왜냐하면, 비록 내가 이것들을 내 정신으로 매우 명백하게 파악(percipio)했다고[22] 할지라도, 모든 탐욕과 감각적 쾌락과 명예욕을 제쳐 놓을 수는 없었기 때문이다.

---

21 (역주) '영원하고 무한한 것'은 신(Deus) 내지 자연(natura)을 암시한다. 그리고 바로 앞에 나오는 '이 모든 것들'은 신에 대한 사랑이 결여된 모든 행복이나 불행에서 생기는 싸움, 슬픔, 질투, 공포, 증오 등을 말한다.

22 (역주) 근대 영국 경험론에서는 percipio를 '감각적으로 지각하다'의 의미로 사용하지만, 스피노자는 cognosco(인식하다, 알다)와 유사하게 사용하므로 옮긴이는 percipio를 문맥에 따라서 '파악하다' 또는 '지각하다'로 옮겼다.

2

최선의 그리고 최고의 진리

나는 다음과 같은 사실 한 가지를 알았다. 즉 내 정신이 이 생각들에 몰두해 있는 동안, 내 정신은 저 다른 것들(illa)을[1] 저버리고 새로운 삶의 습관을 사색했는데, 이는 나에게 커다란 위안이 되었다. 왜냐하면 저 악들은 어떤 해독제에[2] 의해서도 치료되지 않을 만큼 견고하지는 않다는 것을 알았기 때문이다. 그리고 처음에는 이와 같은 휴식 기간이 비록 드물고 특히 짧은 기간 동안 지속되었다고 할지라도, 참다운 선이 점점 더 나에게 알려진 다음에는 그 휴식 기간은 더욱더 자주 찾아왔으며 더 오래 지속되었다. 특히 돈의 획득과 감각적 쾌락과 명예가 다른 것을 얻기 위한 수단으로서가 아니라 그것들 자체를 위해서 추구되는 한, 장애가[3] 된다는 것을 안 후에는 한층 더 그러하였다. 만일 그것들이

---

1 (역주) `저것들`(illa)을 옮긴이는 `저 다른 것들`이라고 했는데, 저 다른 것들은 부, 명예, 감각적 쾌락과 아울러 이것들에서 파생되는 모든 것들을 의미한다.
2 (역주) 스피노자가 말하는 해독제(remedium)는 다름 아닌 이성(ratio) 내지 지성(intellectus)이다.
3 (역주) 장애(obsum)는 선하고 이성적인 삶에 방해가 된다는 것을 뜻한다. 스피노자는 `새로운 삶의 습관을 사색하는` 휴식기간, 곧 진정한 사색 기간을 장시간 가

수단으로서 추구된다면, 기준을[4] 가질 것이며, 결코 해를 끼치지 않고 오히려 반대로 우리들이 적절한 곳에서 증명하게 될 것처럼 그것들이 추구하는 목적을 위해 많이 기여할 것이다.

　여기에서 나는, 내가 참다운 선(verum bonum)을 무엇으로 이해하는지 그리고 동시에 최고선(summum bonum)이 무엇인지를 단지 간략하게 설명할 것이다. 이 점을 옳게 이해하기 위해서는 다음의 사실을 주의하지 않으면 안 된다. 즉 선과 악은 오직 상대적인 관점에서만 이야기된다. 그래서 하나의 동일한 것은 완전과 불완전(perfectum et im-perfectum)처럼 상이한 관점에 따라서 선과 악으로 이야기될 수 있다. 왜냐하면, 특히 생성되는 모든 것들이 영원한 질서에 따라서 그리고 확실한 자연의 법칙에 따라서 만들어진다는 것을 우리들이 알 때 어떤 것도 그것의 본성을(natura)[5] 고찰할 경우 완전하다거나 아니면 불완전하다고 이야기될 수 없기 때문이다.

　그러나 인간의 허약함은 인간 자신의 사고(思考)에 의해서 앞의 그러한 질서를 이해할 수 없다. 그런가 하면 인간은 자기 자신의 본성보다 훨씬 더 강한 인간의 어떤 본성을 생각하며 동시에 그와 같은 본성을 획득하지 못하게 방해하는 그 어떤 것을 알지 못한다. 그리하여 그는 자기 자신을 그와 같은 완전함으로 이끌어 갈 수단을 찾지 않을 수 없게 된다. 그래서 그가 그러한 완전함에 도달하기 위한 수단이 될 수 있는 모든 것은 참다운 선으로 일컬어진다. 그러나 최고선은, 만일 가능하다면, 우리들이 다른 개인들과 함께 그와 같은 본성을 향유하는 것

질 수 있었고, 이러한 사색 기간이 그의 장애를 제거할 수 있었다.

4　(역주) 기준(modus)은 기초가 되는 척도를 말한다.

5　(역주) sua natura는 '자신의 본성'이다. 스피노자가 Natura라고 쓰는 것은 신으로서의 자연이다.

에 도달하는 것이다. 그것이 어떤 종류의 본성인지를, 말하자면 그 본성은 정신이 전체 자연과 함께(cum tota Natura) 소유한 통일의 인식이라는 사실을 우리들은 적절한 곳에서 증명할 것이다.[6]

그러므로 이러한 통일의 인식은, 말하자면 내가 말한 그러한 최고선의 본성을 얻기 위해서 내가 애쓰는 목적이며 또한 나와 함께 많은 사람들이 그것을 획득하려고 노력하는 목적이다. 곧 나의 행복은 다른 많은 사람들로 하여금 나처럼 이해하게끔 만드는 것이며, 그리하여 그들의 지성과 욕망(intellectus, et cupiditas)이 나의 지성 및 욕망과 전적으로 일치하게끔 하는 것이다. 이와 같은 목적에 도달하기 위해서는, (1) 최고선의 본성을 획득하기 위해서 충분할 만큼 자연에 대해서 이해하는 것이 필요하다.[7] (2) 다음으로 가능한 한 많은 사람들이 가장 쉽고 안전하게 이러한 목적에 도달할 수 있게 할 사회질서를 세우는 것이 필요하다. (3) 더 나아가서 도덕철학과 어린이 교육 이론에 노력을 기울이지 않으면 안 된다.[8] 그리고 건강이 이와 같은 목적에 도달하는 수단으로서 결코 가치 없는 것이 아니기 때문에 (4) 총체적인 의학(integra Medicina)이 형성되지 않으면 안 된다. 그리고 수많은 어려움들이 기술에 의해서 용이해지고 우리들은 삶에서 많은 시간과 편리함을 얻을 수 있기 때문에 (5) 역학(Mechanica)은[9] 결코 어떤 식으로도 멸시

---

6 이것은 적절한 곳에서 보다 더 상세히 설명된다.

7 여기에서 나는 학문들의 순서에 주의를 기울이지 않고 우리들의 목적에 필요한 학문들만을 열거하는 데 관심을 기울였다는 것을 주의하기 바란다.

8 (역주) 'Porro danda est opera Morali Philosophiae, ut et Doctrinae de puerorum Educatione.' 스피노자는 근대 합리론 철학자들(데카르트, 라이프니츠) 중에서 인식론. 형이상학과 아울러 인간의 실천적 윤리학을 가장 강조한 철학자이다. 그는 〈지성 개선론〉에서도 도덕철학과 어린이 교육 이론을 매우 중요시하고 있다.

9 (역주) 스피노자는 철저한 인식론을 바탕으로 삼은 자연과학의 탐구가 중요하다는 것을 강조한다. 여기서 말하는 역학(mechanicus)은 오늘날의 공학과 유사하다.

당해서는 안 된다.

그러나 무엇보다도 먼저, 지성이 행복하고 오류 없이 또한 가능한 한 사물들을 잘 이해하도록 처음에 사용될 수 있을 만큼 지성을 개선하고 정화시키는 방식을 생각해 내지 않으면 안 된다. 이러한 사실로부터 모든 사람들은 다음과 같은 점을 이미 알 수 있을 것이다. 즉 나는 모든 학문들을, 우리들이 이미 말했던 최고의 인간의 완전성에 도달하기 위해서, 하나의 목적과 목표로(ad unum finem et scopum) 향하게 하려고 한다.[10] 그러므로 우리들은 학문에 있어서 우리의 목적으로 가깝게 이끌고 가지 못하는 모든 것을 무익한 것으로서 거부하지 않으면 안 된다. 곧, 한마디로 말해서 우리들의 모든 행동과 동시에 생각은[11] 이러한 목적으로 향하지 않으면 안 된다.

---

10 학문들의 목적은 모든 것들이 그것으로 향하지 않으면 안 되는 유일한 목적이다.

11 (역주) '우리들의 모든 행동들과 동시에 생각들'(omnes nostrae operationes, simul et cogitationes)에서 생각(cogitatio)은 사유(思惟) 또는 사고(思考)와 동일한 의미를 가진다.

3

어떤 삶의 규칙들

그러나 우리들에게는 이 목적에 도달하려고 노력하고 지성을 올바른 길로 인도하려고 애쓰면서 살아가는 것이 필요하기 때문에, 제일 먼저 삶에 대한 규칙들을 선한 규칙들로 확정하지 않으면 안 되는데 그것들은 다음과 같다.

1. 대중의 이해력에 맞추어 말하며, 우리들의 목적에 도달하는 데 아무런 방해도 초래하지 않는 모든 것들을 행한다. 왜냐하면 가능한 한 대중의 이해 수준에 우리들을 맞춘다면 우리들은 대중으로부터 적지 않은 이득을 획득할 수 있기 때문이다. 더 나아가 이렇게 할 때 대중은 기꺼이 진리를 경청할 것이다.

2. 오락은[1] 건강[2] 유지에 충분할 만큼만 즐긴다.

3. 마지막으로, 돈이나 또 다른 재화들은 삶과 건강 유지에 충분한

---

1 (역주) 오락(deliciae)은 기쁨, 즐거움, 쾌활 등의 뜻도 가지고 있다.
2 (역주) 건강(valetudo)은 신체 상태, 건강 상태, 안녕 및 행복 등도 의미한다. 〈지성 개선론〉과 함께 스피노자의 초기 저술에 속하는 「신과 인간과 인간의 행복에 대한 짧은 논문」(Tractatus brevis de Deo et homine eiusque Valetudine)에서 valetudo는 안녕 내지 복지를 포함하는 건강한 행복을 의미한다.

만큼, 그리고 우리들의 목적에 어긋나지 않는 시민의 관습에(ad mores civitatis) 적응하기에 충분한 만큼만 추구한다.

4

네 가지 지각 방식

이와 같은 방식으로 이 규칙들을 정립한 다음에 나는 제일 먼저 실행되지 않으면 안 되는 첫 번째 것, 즉 지성을 개선하고 우리들의 목적에 도달하기 위해서 필요한 방식으로 사물들을 이해하는 데 적절하도록 지성을 만들 것이다. 이와 같은 목적에 도달하기 위해서 우리들이 원래 가지고 있는 해명의 질서는 다음의 사실을 요구한다. 즉 내가 모든 것들 중에서 최고의 것을 선택하고 동시에 완전하게 하기를 욕망하는 나의 힘과 본성을(meas vires et naturam) 알기 시작하도록 확신을 가지고 어떤 것을 긍정하거나 아니면 부정하기 위해서 지금까지 가졌던 모든 지각(知覺) 방식을(omnes modos percipiendi) 나는 여기에서 개괄하여야 할 것이다.

만일 내가 조심스럽게 주의를 기울인다면 그 모든 것들은[1] 주로 네 가지 항목으로 나뉠 수 있다.

1. 우리들이 소문을 통해서, 또는 애호하는 것으로 일컬어지는 특징

---

1 (역주) 바로 앞에서 말한 모든 지각 방식들을 가리킨다.

을 통해서 소유하는 지각[2]이 존재한다.

2. 우리들이 불확실한 경험에서 소유하는 지각이 존재한다. 즉 지성에 의해서 결정되지 않고, 우연히 일어나기 때문에 경험이라고 일컬어지며, 우리들은 그 경험에 대립되는 어떤 것도 경험한 적이 없다. 그러므로 그 경험은 마치 확고한 것처럼 우리들에게 남아 있다.

3. 어떤 것의 본질(essentia rei)이 다른 것으로부터, 그러나 타당하지 못하게 추론될 경우 생기는 지각이 존재한다. 이러한 일은 우리들이 어떤 결과로부터 원인을 추론할 때 아니면 항상 어떤 고유성(proprie-tas)을[3] 동반하는 보편으로부터 추론할 때 생긴다.[4]

4. 마지막으로 한 사물이 자신의 본질을 통해서 또는 자신의 가까운 원인을 통해서 지각될 때 우리가 가지는 지각이 있다.

이 모든 것들을 나는 예(例)들을 통해 설명할 것이다. 나는 내 생일과 내가 어떤 부모를 가졌는지 등등 그와 유사한 것들을 오직 말로 들어서만 알며, 그러한 사실에 대해서 결코 의심한 일이 없다. 불확실한 경험을 통해서 나는 내가 죽으리라는 것을 안다. 왜냐하면, 나와 비슷

---

2 (역주) 지각(percipio)은 앎 또는 인식의 뜻을 가진다. 스피노자는 앎을 네 종류로 구분하는데 그것들은 상상적 앎, 감각적 앎, 연역적 이성에 의한 앎, 직관적 이성에 의한 앎이다. 이러한 입장은 플라톤의 인식론 체계와 유사하다.

3 (역주) proprietas는 성질, 특성, 고유성 등을 의미한다.

4 이러한 일이 생길 때 우리들은 결과로부터 고찰하는 것 말고는 원인에 대해서 아무 것도 이해하지 못한다. 이러한 점은 다음의 사실로부터 충분히 명백하다. 즉 원인은, 말하자면 다음과 같은 가장 일반적인 표현에 의해서만 설명된다: '그러므로 어떤 것이 존재한다. 그러므로 어떤 힘이 있다.' 또는 그러한 점은 다음의 사실로부터도 명백하다. 즉 원인 자체는 다음처럼 부정적으로 표현된다. '그러므로 이것이나 저것이 존재하지 않으며 등등.' 두 번째 경우에 있어서 어떤 것은 결과 때문에 원인으로 인정되는데, 이것은 내가 어떤 예(例)에 의해서 제시하게 될 것처럼 명백하게 파악된다. 그러한 원인은 사물의 특별한 본질이 아니고 고유성들일 뿐이다.

한 다른 사람들이 비록 똑같은 나이에 똑같은 질병으로 죽지 않았다고
할지라도, 나는 그들이 죽는 것을 보았으므로, 나는 내가 죽을 것이라
는 것을 주장하는 것이다. 나는 또한 불확실한 경험을 통해서[5] 다음의
사실을 안다. 즉 기름은 불꽃을 키우는 데 적절하며, 물은 불꽃을 끄는
데 적절하다. 나는 또한 다음의 사실을 안다. 즉 개는 짖는 동물이며 인
간은 이성적인 동물(animal rationale)이다. 그리고 그와 같은 방식으
로 나는 삶을 살아가는 데 속하는 대부분의 것들을 안다.

실제로 우리들은 다음과 같은 방식으로 어떤 것을 다른 것으로부터
추론한다. 즉 우리들이 어떤 다른 것이 아니라 일반적인 신체(corpus)
를 명백하게 지각할 때, 나는 영혼이 신체와 통일되어 있으며[6] 그와 같
은 감각의 통일로 우리들은 이러한 영혼과 신체의 통일을 추론한다고
명백하게 말한다. 그러나 이 경우 우리들은 그 감각과 통일이 무엇인
지[7] 절대적으로 알 수 있는 것이 아니다. 또는 내가 시각의 본성을 알게

---

5 (역주) '불확실한 경험을 통해서'(per experientiam vagam)는 '일상생활에서 우
   리들이 흔히 만나는 우연한 경험에 의해서'의 의미를 가진다.
6 이 예로부터 내가 방금 주의한 것을 명백하게 알 수 있다. 왜냐하면 우리들이 이해
   하는 이 통일은 감각 자체 이외의 어떤 것도 아니기 때문이다. 말하자면 이 통일은
   결과의 감각이며, 이 결과로부터 우리들은 우리가 전혀 이해하지 못하는 원인을 추
   론했던 것이다.
7 그와 같은 결론은 비록 확실하다고 할지라도, 만일 우리들이 최대한으로 조심하지
   않는다면 확고하게 안전하지 못하다. 왜냐하면 우리들이 특히 조심하지 않는다면
   즉시 오류에 빠지기 때문이다. 그 이유인 즉 우리들이 사물들을 참다운 본질을 통
   해서가 아니라 그렇게 추상적으로 파악할 때(ubi enim res ita abstracte concipi-
   unt, non autem per veram essentiam), 사물들은 즉시 상상력에 의해서 혼란스럽
   게 되기 때문이다. 사람들은 그 자체로 단순한 것을(id quod unum est) 다양한 것
   이라고 생각하기 때문이다. 그 이유인 즉 사람들이 추상적이며, 분리되어 있고 혼
   란스럽다고 생각하는 것들에 사람들은 자기들이 또 다른 한층 더 일상적인 사물들
   의 표시에 사용하는 명칭을 부여하기 때문이다. 이로부터 다음과 같은 사실이 생긴
   다. 즉 사람들은 자기들이 처음에 명칭들을 부여했던 사물들을 생각해 왔던 것과
   마찬가지로 상상력으로 이 사물들을 표상한다.

될 때, 그리고 동시에 그러한 본성이 하나의 동일한 사물을 가까이에서 바라볼 때보다 매우 먼 거리에서 볼 때 더 작게 보이도록 하는 성질을 우리에게 알게 해 줄 때, 우리들은 태양이 보이는 것보다 더 크다는 것과 이와 유사한 다른 것들을 추론한다.

마지막으로 사물은 다음과 같은 경우 사물의 본질(rei essentia)에 의해서 지각된다. 즉 내가 어떤 것을 안다는 것을 통해서 '어떤 것을 안다'는 것이 무엇인지를 내가 알 경우 또는 내가 영혼의 본질(essentia animae)을 안다는 것을 통해서 영혼이 신체와 통일되어 있다는 것을 알 경우 그러하다. 똑같은 앎에 의해서 우리들은 둘 더하기 셋은 다섯이라는 것을 그리고 제 삼의 선(線)에 평행하는 두 선들은 그것들끼리도 평행하다는 것들을 안다. 그렇지만 지금까지 내가 그와 같은 인식에 의해서(tali cognitione) 이해할 수 있었던 것은 매우 드물었다.

그러나 이 모든 것들을 보다 더 잘 이해하기 위해서 나는, 다음과 같은 하나의 예만을 제시할 것이다. 세 수들이 주어진다. 사람들은 네 번째 수를 찾는데, 네 번째 수는 마치 두 번째 수가 첫 번째 수에 대해서 관계하는 것처럼 세 번째 수에 대해서 관계한다. 여기에서 상인들은 하나같이 모두 네 번째 수를 발견하기 위해서 무엇을 해야 할지 자기들이 안다고 말한다. 왜냐하면 그들은 증명 없이 단지 자신들의 선생들에게서 들은 그러한 과정을 아직 잊지 않고 있었기 때문이다. 그러나 다른 사람들은 2,4,3,6과 같은 수들의 경우에 있어서와 마찬가지로 네 번째 수가 자명할 때 단순한 수들에 대한 자기들의 경험으로부터 보편적 공리(axioma universale)를 만든다. 여기에서 그들은 두 번째 수가 세 번째 수로 곱해지고 그 결과가 첫 번째 수에 의해서 나누어질 때 답은 6이라는 것을 경험한다. 그리고 그들이 이와 같은 과정 없이 비례 수와 똑같지 않은 수가 생겼다는 것을 알 때 언제나 네 번째 비례수를 발견하기 위해서 이 방법이 좋다는 결론을 내린다.

그러나 수학자들은 유클리드 책 7권, 정리19에 대한 증명에 의해서, 비율의 본성과 특성으로부터 어떤 수들이 비례 수인지 안다. 비율의 본성과 특성에 따라서 첫 번째 수와 네 번째 수에서 생기는 수는 두 번째 수와 세 번째 수에서 생기는 수와 똑같다. 그렇지만 그들은 주어진 수들의 적절한 비율을 보지 못하며, 만일 그들이 그것을 본다면, 그들은 저 정리에 의해서가 아니라 어떤 과정도 거치지 않고 직관적으로(intuitive) 알게 된다.

5

최선의 지각 방식

그런데 이러한 것들로부터[1] 최선의 지각 방식을 택하기 위해서 우리들의 목적에 도달하는 데 필요한 수단들이 무엇인지 간략하게 열거해야 할 것이다. 그 수단들은 다음과 같다.

1. 우리들은 우리가 완전하게 하기를 원하는 우리들의 본성을 정확하게 알아야 하며 동시에 필요한 만큼 사물들의 본성에 대해서도 알아야만 한다.

2. 그리하여 우리들은 사물들의 차이, 일치 그리고 대립을 옳게 이끌어 내어야 한다.

3. 우리들은 사물들이 어떤 것을 허용할 수 있고, 허용할 수 없는지 옳게 파악해야 한다.

4. 우리들은 이러한 결과를 인간의 본성 그리고 능력과(cum natura, et potentia hominus) 비교하여야 한다. 그러면 이러한 사실로부터 인간이 도달할 수 있는 최고의 완전성이 쉽게 밝혀진다.

---

1 (역주) '이러한 것들로부터'(ex his)에서 이러한 것들은 앞에서 말한 여러 종류의 지각들을 말한다.

이렇게 고찰한 후 어떤 지각 방식을 우리들이 택해야만 하는지를 알아보기로 하자.

첫 번째 지각 방식에 대해서 말하자면 다음과 같은 사실이 명백하다. 즉 소문으로부터(ex auditu) 우리들은, 바로 어떤 것이 불확실하다는 것 이외에는, 우리들의 예(例)에서 명백하게 드러나는 것처럼 어떤 사물의 본질(essentia rei)도 지각(percipio)하지[2] 못한다. 그리고 우리들이 나중에 알게 된 것처럼, 만일 우리가 개별 사물의 본질을 알지 못한다면 그것의 존재가 알려지지 않기 때문에 다음의 사실을 명백하게 추론한다. 즉 우리들이 소문에 의해서 얻은 모든 확실성은 학문에서 배제되지 않으면 안 된다. 왜냐하면 어떤 사람도, 그의 지성(proprius intellectus)이[3] 단순한 소문을 극복하지 않으면 그것의 영향을 받을 수 있기 때문이다.

두 번째 지각 방식에[4] 대해서 말해 보자. 우리들은 또한 이 지각 방식이 찾는 비율의 관념(ideam illius proportionis)을[5] 이 지각 방식이 가지고 있다고 말할 수 없다. 이 지각 방식이 매우 불확실하고 불명확

---

2   (역주) 여기에서 percipio는 직역하면 '지각하다'지만 '인식하다', '알다' 등의 의미에서 사용되고 있다.

3   (역주) intellectus는 지각, 인식, 느낌, 정신적 이해, 의미 등의 뜻을 가지는데 역자는 여기에서 지성으로 옮겼다. 역자의 견해로는 고대 그리스의 로고스(logos : 우주 원리 또는 이성) 개념이 중세 기독교에 와서 신의 전지(全知 intelligentia) 개념에 큰 영향을 주었고 신적 전지(全知)인 intelligentia를 닮은 인식능력으로서의 지성(intellectus)을 인간이 소유한다고 여겨지게 되었다. 지성은 넓은 의미의 인식능력임에 비해서 명석판명한 관념(idea clara et distincta)을 확실하게 알 수 있는 인간의 능력은 지성의 핵심을 형성하는 이성(ratio)이다. 서양 근대 철학자들이 생각한 인간의 확실한 인식능력은 바로 이성이었다. 스피노자는 전지(全知)를 「데카르트의 철학의 원리」에서 신의 지성(intellectus Dei)이라고 표현하기도 하였다.

4   여기에서 나는 경험에 대해서 한층 더 상세하게 다룰 것이며, 경험론자들과 최근의 철학자들의 전개 방법을 검토할 것이다.

5   (역주) proportio는 '비율'을 뜻하지만 '관계'를 의미하기도 한다.

하며 어느 누구도 이러한 방식으로는 자연 사물들에서 우연한 것 이외에는(praeter accidentia)[6] 아무것도 지각하지 못한다. 우연은 그것의 본질이 먼저 이해되지 않으면 결코 명백하게 이해되지 못한다. 그러므로 이와 같은 방식도 역시 배재되지 않으면 안 된다.

그러나 우리들은 세 번째 지각 방식에 대해서 어느 정도 다음처럼 말할 수 있다. 즉 이 지각 방식으로 우리들은 사물의 관념을 가질 수 있으며 더 나아가서 오류를 범하는 위험 없이 추론할 수 있다. 그렇지만 이 지각 방식 자체로는 우리들의 완전성에[7] 도달하기 위한 수단이 되지 못할 것이다.

오로지 네 번째 지각 방식만이 사물의 적절한 본질을 파악하며 오류의 위험이 없다. 그러므로 우리들은 이 방식을 최대한 이용하지 않으면 안 될 것이다. 그러므로 우리들은 그와 같은 인식을 가지고 알려질 수 없는 것을 이해하기 위해서, 동시에 그처럼 이해하는 일이 어떻게 적절하게 이루어지는지를 이해하기 위해 이 직관 방식이 어떤 식으로 사용되는지를 설명하려고 노력할 것이다.

---

6 (역주) accidentia는 우연적 사건들, 사고, 상태, 우연적인 것 등의 의미를 가진다.
7 (역주) 우리들의 완전성(nostra perfectio)은 사물의 존재와 본질을 옳게 파악하는
   인간의 인식능력의 완전성을 가리킨다.

6

지성의 도구들, 곧 참다운 관념들

어떤 인식이 우리에게 필요한가를 안 후에는 그와 같은 인식(tali cognitione)[1]으로 우리들이 알지 않으면 안 되는 것들을 알게 해 주는 길과 방법(Via, et Methodus)이 제시되지 않으면 안 된다. 이러한 목적을 위해서 처음으로 고찰하여야 할 점은 다음과 같다. 즉 여기에서는 어떤 탐구도 무한히 전개되지 않는다. 곧 진리 탐구에 대한 최선의 방법을 찾기 위해서는 최선의 방법에 대한 방법을 탐구하는 또 다른 방법이 필요하지 않고, 두 번째 방법을 탐구하기 위한 세 번째 방법이 필요하지 않으며, 이러한 식으로 무한히 계속된다. 왜냐하면 그런 식으로 해서는 결코 진리의 인식에 도달할 수 없으며, 물론 어떤 인식에도 도달할 수 없기 때문이다. 사실 이 경우는, 똑같은 방식의 논의가 사용될 수 있는 물질적 도구의 경우와 유사하다. 즉, 녹인 쇠를 가다듬기 위해서는 망치가 필요하며, 망치를 가지기 위해서는 망치가 우선 만들어지지 않으면 안 되기 때문이다. 이러한 목적을 위해서 우리들은 또 다른

---

1 (역주) cognitio는 앎, 지식, 인식 등을 뜻한다.

망치와 또 다른 도구들이 필요하며, 그것들을 가지기 위해서는 또 다른 도구들이 필요할 것이고 이런 식으로 무한히 계속된다. 그리하여 어떤 사람은, 인간들이란 쇠를 다듬을 아무런 능력도 가지고 있지 않다는 것을 쓸데없이 증명하려고 애쓸 것이다.

그러나 인간들은 태어날 때부터 가지고 있는 도구들로 비록 힘들고 불완전하지만 아주 쉬운 것들을 만들 수 있었다. 그리고 이것들이 만들어졌을 때 그들은 노력을 덜 들이면서 더 완전하게, 한층 더 복잡한 다른 것들을 만들었다. 그렇게 해서 그들은 가장 단순한 작업들로부터 도구 제작으로 그리고 도구들로부터 다른 작업들과 다른 도구들로 점진적으로 진행하면서, 힘을 덜 들여 매우 어려운 것들을 많이 만들 수 있는 수준까지 도달하였다. 또한 지성도 그렇게 해서 자신이 타고난 힘으로[2] 자기를 위한 지성적 도구를 만든다. 이 지성적 도구들에 의해서 지성은 또 다른 지성적 작품들을 위한(ad alia opera intellectualia)[3] 다른 힘들을 획득하며, 이러한 작품들로부터 계속해서 또 다른 도구들이나 아니면 보다 진전된 탐구를 위한 능력을 획득하여 지혜의 정점(sapientiae culmen)에 도달할 때까지 점진적으로 진행한다.

그러나 우리들이 진리 탐구의 방법이 무엇인지 이해한다면, 그리고 모든 지성이 더 진전하기 위해서 타고난 도구들로부터 다른 도구들을 만드는 데 필요한 타고난 도구들이 무엇인지 이해한다면, 지성의 경우가 그러하다는 것을[4] 쉽게 알 수 있을 것이다.

---

2 내가 이해하는 타고난 힘(vi nativa)은, 내가 나중에 나의 철학에서(in mea philosophia) 설명하게 될 것처럼 외부 원인들에 의해서 우리들에게 생긴 것이 아니다.
3 여기에서 그것들은 작품들(opera)이라고 일컬어진다. 그것들이 무엇인지 나는 나의 '철학'에서 설명할 것이다.
4 (역주) 그러하다는 것은 바로 앞에서 설명한 내용을 가리킨다.

참다운 관념(idea vera)은[5] (우리들이 참다운 관념을 가지고 있기 때문에) 자신의 대상과는(a suo ideato) 다르다.[6] 왜냐하면 원(circulus)과 원의 관념은 다른 것이기 때문이다. 그 이유는 즉 원의 관념(idea circuli)은 원처럼 둘레와 중심을 가지는 것이 아니며 또한 물체의 관념도 물체 자체가 아니기 때문이다. 그리고 원의 관념은 자신의 대상과는 다른 것이므로 그것은 또한 그 자신에 의해서(per se) 인식 가능한 것일 것이다. 즉 관념은 자신의 형식적 본질과 연관해서 또 다른 객관적 본질의 대상일 수 있으며 다시금 이 또 다른 객관적 본질을 그 자체로 고찰할 경우 그것은 실재적이며 인식 가능한 어떤 것(guid reale, et intelligibile)[7]이며 이렇게 무한히 계속된다.

예컨대 페트루스(Petrus)는 현실적인 어떤 것이다. 그러나 페트루스의 참다운 관념(vera idea Petrus)은 페트루스의 객관적인 본질이며, 그 자체로 현실적인 것이고 페트루스 자신과는 전혀 다르다. 그러므로 페트루스의 관념은 그 자체의 개별적 본질을 가지는 현실적인 것이기 때문에 그 관념은 역시 인식 가능한 것일 것이다. 즉 그 관념은, 페트루스의 관념이 형식적으로 가진 모든 것을 객관적으로 가진 또 다른 관념의 대상일 것이다. 그리고 다시금 페트루스의 관념에 대한 관념 역시 자신의 본질을 가지고 있으며, 이러한 본질은 또 다른 관념의 대상일 수 있는데, 이런 식으로 무한히 계속된다. 어떤 사람이든지 그가 페트

---

5 다음의 사실을 주의하기 바란다. 즉 우리들은 여기에서 내가 방금 말한 것을 제시하고자 할 뿐만 아니라 지금까지의 우리들의 올바른 진행 과정과 동시에 가장 중요하게 알아야만 할 다른 것들도 제시하고자 한다.

6 (역주) 'a suo ideato'는 '관념 자신에 의해서 표상된 것으로부터', 곧 '관념에 의해서 생각된 것으로부터'를 뜻한다.

7 (역주) '인식 가능한'(intelligibile)은 '파악할 수 있는', '이해할 수 있는', '알 수 있는' 등의 의미로도 해석될 수 있다.

루스가 무엇인지를 알 때, 그리고 또한 자신이 그것을 안다는 것을 알 때, 그리고 다시금 안다는 것을 안다는 것 등등을 알 때 그는 앞의 사실을 경험할 수 있다. 이로부터 다음의 사실이 명백하다. 즉 페트루스의 본질을 이해하기 위해서 페트루스의 관념 자체(ipsa idea Petri)를 이해하는 것이 필요하지는 않으며 더욱이 페트루스의 관념에 대한 관념(idea idae Petri)을 이해하는 것은 필요하지 않다. 이는 마치 내가 알기 위해서는 내가 안다는 것을 내가 알 필요가 없으며, 더욱이 내가 아는 것을 내가 안다고 알 필요가 없다고 말하는 것과 똑같다. 이는 마치 삼각형의 본질을 이해하기 위해서 더 이상 원의 본질을[8] 이해할 필요가 없는 것과도 같다. 그러나 이 관념들에는 반대가 성립된다. 왜냐하면 내가 안다는 것을 알기 위해서는 먼저 내가 알지 않으면 안 되기 때문이다.

이로부터 다음의 사실이 명백해진다. 즉 확실성(certitudo)은 객관적 본질 자체일 뿐이다. 곧 우리들이 형식적 본질을 알게 되는 방식이 확실성 자체이다. 이로부터 다시금 다음과 같은 사실이 명백해진다. 즉 진리의 확실성을 위해서는 참다운 관념(vera idea)을 가지는 것 외에는 어떤 다른 특정한 표지(signum)도[9] 필요하지 않다. 왜냐하면 우리들이 제시한 것처럼, 내가 알기 위해서 내가 안다는 것을 알 필요가 없기 때문이다. 다시금 이로부터 다음의 사실이 명백하다. 즉 어느 누구도 어

---

8 여기에서 우리들은 어떻게 최초의 객관적 본질(prima essentia objectiva)이 우리들에게 내재적(內在的)인지를 탐구하지 않는다는 사실에 주의하라. 왜냐하면 그러한 것은 자연의 탐구에 속하기 때문인데, 자연 탐구에서 다음의 사실이 더 설명되고 동시에 제시된다. 즉 관념을 떠나서는(praeter ideam) 어떤 긍정도, 어떤 부정도 그리고 어떤 자유의지(voluntas)도 존재하지 않는다.
9 (역주) signum은 표지 이외에도 특징, 깃발, 구분, 신상(神像), 도장, 무기 등 여러 가지 의미를 가지고 있다.

떤 것에 대한 적절한 관념이나 객관적인 본질을 가지지 않으면 최고의 확실성(summa certitudo)이 무엇인지 알 수 없다. 왜냐하면 당연히 확실성과 객관적 본질은 똑같은 것이기 때문이다.

7

올바른 인식 방법

그러므로 진리는 아무런 특징적 표지도 필요로 하지 않고, 모든 의심을 제거하기 위해서 사물들의 객관적 본질을 가지거나 또는 똑같은 것이지만, 사물들의 관념들을 가지는 것으로 충분하다. 이로부터 다음의 사실이 따라 나온다. 즉 관념을 획득한 다음에 진리의 특정한 표지를 탐구하는 것은 참다운 방법이 아니다. 그러나 진리 자체나 사물들의 객관적 본질이나 관념들은(이 모든 것들은 똑같은 것을 의미한다) 적절한 질서에[1] 따라서 탐구하는 길이 참다운 방법이다.

다시금 방법은 추리 방법이나 이해에 대해서(de ratiocinatione, aut de intellectione) 말하지 않으면 안 된다.[2] 곧 방법은 사물들의 원인을 이해하기 위한 추리 자체가 아니며, 더욱이 사물들의 원인을 이해하는 것도 아니다. 방법은, 여타의 지각들로부터 참다운 관념을 구분하고 참

---

1 영혼에서(in anima) 탐구하는 것이 무엇인지는 나의 철학에서(in mea philoso-phia) 설명된다.

2 (역주) 스피노자가 말하는 방법은 철학(학문)의 가장 기본적인 방법이다. 이 방법은 추리 방법(논리학)과 동시에 이해(인식론)를 필수적으로 탐구하여야 한다는 것을 스피노자는 특히 강조하고 있다.

다운 관념의 본성을 탐구하면서 이 관념이 무엇인지를 이해하는 것이다. 그렇게 해서 우리들은 우리들의 지성의 능력을 알게 되며, 정신을 단련하여 저 기준에 따라서(ad illam normam) 알려질 필요가 있는 모든 것을 정신이 이해하도록 할 것이다. 방법은 정신에게 특정한 규칙들을 첨가하고 정신을 쓸모없는 일에 지치지 않게 할 것이다.

이로부터 우리들은 다음과 같이 추론할 수 있다. 즉 방법은 반성적 인식(cognitio reflexiva) 또는 관념의 관념(idea ideae) 이외의 다른 것이 결코 아니다. 그리고 만일 그전 관념이 없으면 관념의 관념이 없으므로, 그전 관념이 없으면 방법도 존재하지 않는다. 그러므로 주어진 참다운 관념의 기준에[3] 따라서(ad datae verae idae normam) 정신이 어떻게 방향을 잡아야 할지를 제시하는 방법이 훌륭한 방법일 것이다. 더 나아가서 두 관념 사이의 관계(ratio)는[4] 그 두 관념의 형식적 본질들 사이의 관계와 동일하기 때문에 다음과 같은 사실이 따라 나온다. 즉 가장 완전한 존재의 관념에 대해서 존재하는 반성적 인식은 다른 여타의 관념들에 대한 반성적 인식보다 더 탁월할 것이다. 곧 가장 완전한 방법은, 가장 완전한 존재에 대해서 주어진 관념의 기준에 따라서 정신이 어떻게 방향을 잡아야 할지를 제시해 주는 방법일 것이다.

이러한 사실로부터 우리들은, 마치 정신이 더 많은 것들을 이해하는 것과 마찬가지로 정신이 정신으로 하여금 한층 더 진전하여 이해하게 하는 다른 도구들을 어떻게 얻도록 하는지 쉽게 이해할 수 있다. 왜냐

---

3 (역주) norma는 표준, 척도, 규칙, 기준 등의 의미를 가진다. 바로 위에서도 '저 기준에 따라서'가 있는데, 여러 지각들로부터 참다운 관념을 구분하고 참다운 관념의 본성을 탐구하여 관념이 무엇인지를 아는 것이 바로 스피노자에게 있어서 인식 방법의 기준이다.
4 (역주) ratio는 이성, 방법, 계산, 수, 이론, 숙고, 학문 등의 뜻도 가지고 있는데 여기서는 '관계'로 옮겼다.

하면 이미 말한 것에서 추론할 수 있는 것처럼 우리들 안에서 무엇보다도 우선 내재적 도구(innatum instrumentum)로서 참다운 관념이 존재하지 않으면 안 되고, 이와 같은 관념의 이해와 동시에 그와 같은 지각과 여타의 다른 모든 지각들 사이의 차이를 우리들이 이해하지 않으면 안 되기 때문이다. 여기에서 방법의 한 부분이 성립된다. 그리고 정신이 자연에 대해서 더 많이 이해하면 할수록 정신은 자신을 더 잘 이해한다는 것이 자명하기 때문에 다음의 사실이 성립한다. 즉 이 방법의 한 부분은 정신이 더 많은 것들을 이해하면 할수록 더 완전할 것이며, 정신이 가장 완전한 존재자의 인식에(ad cognitionem Entis perfectissimi) 주의를 기울이거나 그것을 반성할 때 가장 완전할 것이다.

　더 나아가서 정신이 더 많은 것을 알면 알수록 정신은 자신의 힘들과 자연의 질서를 더 잘 이해한다. 그런데 정신이 자신의 힘들을 더 잘 이해하면 할수록 보다 더 쉽게 자신의 방향을 잡을 수 있으며 자신에게 규칙들을 부여할 수 있다. 그리고 정신이 자연의 질서를 더 잘 이해하면 할수록 정신은 보다 더 쉽게 자신을 쓸모없는 것으로부터 방어할 수 있다. 우리들이 말한 것처럼, 바로 앞에서 제시한 것 안에 모든 방법이 성립한다.

　더 나아가서 관념은 마치 관념의 대상이 실재하는 것과 동일한 식으로 객관적인 상태에 있다. 그러므로 만일 다른 것들과 아무런 공통성을 가지지 않은 것이 자연에 있다면, 비록 형식적인 본질과 전적으로 일치하는 그것의[5] 객관적인 본질이 있다고 할지라도, 이 관념 역시 다른 관념들과 아무런 공통성도 가지지 않을 것이다.[6] 곧 우리들은 그 관념에

5　(역주) '그것'은 다른 것들과 아무런 공통성도 가지지 않은 것을 가리킨다.
6　다른 것들과 공통성(commercium)을 가진다는 것은 다른 것들로부터 산출되거나 아니면 다른 것들을 산출하는 것이다.

대해서 아무것도 추론할 수 없을 것이다. 한편 자연에 존재하는 모든 것들과 마찬가지로 다른 것들과 공통성을 가지는 것들은 이해될 수 있으며, 그것들의 객관적 본질 역시 똑같은 공통성을 가질 것이다. 곧 다른 관념들은 그것들로부터[7] 도출될 것이고, 이 다른 관념들은 다시금 다른 것들과 공통성을 가질 것이다. 그렇게 하여 한층 더 진전하기 위해서 도구들은 성장할 것이다. 우리들은 그러한 사실을 증명하려고 노력하였다.

더 나아가서 방금 우리들이 말한 것, 곧 관념은 전적으로 자신의 형식적 본질과 일치하지 않으면 안 된다는 것으로부터 다시금 다음의 사실이 명백해진다. 즉 우리들의 정신(mens nostra)이 자연의 모사물(Naturae exemplar)이 되기 위해서는 정신이 자신의 모든 관념들을 자연 전체의 기원과 원천을 나타내는 관념으로부터 산출해 내지 않으면 안 된다. 그리하여 이러한 관념 자체는 여타 다른 관념들의 원천이 될 것이다.

여기에서 사람들은 아마도 다음과 같은 사실에 놀랄 것이다. 즉 훌륭한 방법이란 주어진 참다운 관념의 기준에 따라서(ad datae verae idae normam) 정신이 어떻게 방향을 잡는지를 증명해 주는 방법이라는 것을 말하고서 우리들은 다음과 같은 점을 추론에 의해서 탐구할 것이다. 즉 추론에 의하면 방금 말한 것이 자명하지 않은 것으로 제시되는 것 같다. 그러므로 우리들은 다음처럼 물을 수 있다. 과연 우리들은 훌륭하게[8] 추론했는가? 만일 우리들의 추론이 타당하다면 우리들은 주어진 관념으로부터 시작하지 않으면 안 되며, 주어진 관념으로부터 시작하

---

7 (역주) 다른 것들과 공통성을 가지는 것들을 말한다.
8 (역주) 여기에서 '훌륭하게'(bene)는 '건전하게', '옳게' 또는 '타당하게'와 동일한 의미를 가진다.

기 위해서는 증명이 필요하므로 우리들은 다시금 우리들의 추론을 증명하지 않으면 안 되고 또 다시 그것은 다른 추론을 증명하지 않으면 안 되고 이런 식으로 무한히 계속된다.

그러나 나는 이에 대해 다음처럼 답한다. 즉 만일 어떤 사람이 자연의 탐구에서 우연히, 곧 주어진 참다운 관념의 기준에 따라서 질서에 적절하게 다른 관념들을 획득함으로써 진행했다면, 우리들이 제시한 것처럼 진리는 자기 자신을 드러내므로 그는 자신의 진리를 결코 의심하지 않았을 것이며[9] 모든 것들도 또한 스스로 그에게 흘러들어 갔을 것이다. 그러나 이러한 일은 전혀 일어나지 않거나 아니면 드물게 일어나기 때문에, 나는 추론을 증명하는 지침들을 설정해야만 했다. 그래서 우리들은 우연에 의해서 획득할 수 없는 것을 신중한 계획에 의해서 얻을 수 있으며 따라서 동시에 다음의 사실이 제시된다. 즉 우리들은 진리의 증명과 올바른 추론을 위하여(ad probandam veritatem, et bonum ratiocinium) 진리 자체와 올바른 추론 방법 이외의 어떤 도구도 필요로 하지 않는다. 왜냐하면 나는 올바른 추론을 통해서 올바른 추론을 증명하였으며, 여전히 그렇게 증명하려고 애쓰기 때문이다.

더 나아가서 인간들은 또한 이와 같은 방식으로 자신의 내면적인 숙고(meditatio)에[10] 익숙하게 된다. 그러나 자연의 탐구에 있어서 왜 적절한 질서가 드물게 사용되는지에 대한 이유는 바로 편견(praejudicia) 때문인데, 나는 후에 나의 철학에서 편견의 원인들을 설명할 것이다. 왜냐하면 우리들이 나중에 제시하는 것처럼 매우 정확한 구분이 필요하기 때문이다. 곧 그것은 매우 힘든 일이다. 마지막으로 인간적인 것

---

9 마치 우리들이 여기에서도 우리들의 진리를 의심하지 않는 것처럼.

10 (역주) meditatio는 숙고, 준비, 예습 등의 뜻을 가지고 있다.

들의 상태 때문에, 이미 제시된 것처럼 전적으로 불안한 것이[11] 있다. 그렇지만 우리들이 그것을 탐구하지 않는 다른 이유들도 있다.

만일 어떤 사람이 나에게, 왜 내가 즉시 앞의 그러한 질서에 따라서 모든 것에 앞서 자연의 진리들을 제시했느냐고 묻는다면, 진리는 그 자체를 드러내므로 나는 그에게 답하면서 다음처럼 촉구할 것이다. 즉 그는 여기저기에서 생길 역설들 때문에 그 진리들을 그릇된 것으로 거부해서는 안 될 것이다. 오히려 그로 하여금 우리들이 증명하는 질서를 고찰하게 하자. 그러면 그는 우리들이 진리에 도달했다는 것을 확실히 알 것이며, 이러한 점은 내가 왜 그러한 것을 미리 말했는지에 대한 원인이었던 것이다.

만일 나중에도 어떤 회의론자(Scepticus)가 첫 번째 진리 자체에 대해서, 그리고 첫 번째 진리의 기준에 따라서 우리들이 도출해 낼 모든 것들에 대해서 여전히 의심한다면, 그는 확실히 자신의 의식에 반대되는 것을 말하고 있거나 아니면 우리들이 다음의 사실을 인정하여야만 하는 것이다. 즉 태어날 때부터 또는 편견 때문에, 곧 어떤 외부적 사건으로 인해서 전적으로 영혼이[12] 눈먼 사람들도 있다. 왜냐하면 그들은 자기 자신을 알지 못하기 때문이다. 만일 그들이 어떤 것을 긍정하거나 의심할 경우 그들은 자기들이 의심하거나 긍정하는 사실을 알지 못한다. 그들은 자기들이 아무것도 모른다고 말한다. 그리고 아무것도 알지 못한다는 이 사실 자체를 자기들이 모른다고 말한다. 또한 그들은 그것을 솔직하게 말하지 않는다. 왜냐하면 그들은 자기들이 아무것도 모른다고 말하는 동안에도 자기들이 존재한다(se existere)는 것을 말하는

---

11 (역주) 'qui prorsus est mutabilis'는 안정되어 있지 않고 수시로 변화하므로 불안하다는 것을 뜻한다. '그것은 완전히 불안하다'로 옮길 수도 있다.
12 (역주) 영혼(animus)은 정신 내지 마음을 뜻한다.

것이 두렵다는 것을 인정하기 때문이다. 그러므로 결국 그들은 아마도 진리의 흔적을 가지고 있을지도 모를 어떤 것을 전제하지 않기 위해서 침묵을 지키지 않으면 안 된다.

  마지막으로 그들과 함께 학문들에 대해서 이야기해서는 안 된다. 왜냐하면 삶과 사회의 적용에 대해서 말하자면 그러한 적용은 필요로 인하여 그들 자신이 존재한다는 것을 전제하도록, 그들 자신의 이익을 탐구하도록, 그리고 맹세코 많은 것들을 긍정하고 또한 부정하도록 강요하기 때문이다. 왜냐하면 만일 어떤 것이 그들에게 증명될 경우 그 논증이 올바른지 아니면 결함이 있는지 그들은 알지 못하기 때문이다. 만일 그들이 부정하거나 인정하거나 또는 반대할 경우 그들은 자신들이 부정하거나 인정, 또는 반대하는 것을 알지 못한다. 그러므로 그들은 전적으로 정신을 결여한 자동인형(automata)처럼[13] 여겨지지 않으면 안 된다.

  이제 우리들의 주제를 다시 다루어 보기로 하자. 우리들은 지금까지 제일 먼저 1) 우리들의 모든 사유(思惟)를 우리들의 주제로 향하도록 애쓴 목적을 가지고 있다. 2) 두 번째로 우리들은, 우리가 도움을 받아서 우리들의 완전함에 도달할 수 있는 최고의 지각이 어떤 것인지를 배웠다. 3) 세 번째로 우리들은 훌륭하게 시작하기 위해서, 주어진 참다운 관념을 정신이 자신의 기준으로 소유하면서 확실한 규칙들에 의해서 탐구를 진행하기 위하여 소유하지 않으면 안 되는 첫 번째 길이 무엇인지를 알았다. 이것을 옳게 실행하기 위해서는 다음과 같은 방법을 수행하지 않으면 안 된다. 1) 첫 번째 방법은 참다운 관념을 여타의 모든 지각들로부터 구분하지 않으면 안 되며 정신(mens)을 여타의 지각

---

13   (역주) automata는 automaton의 복수형으로 기계적으로 움직이는 인간들 또는
     자동기계(장치), 자동인형 등의 의미를 가진다.

들로부터 보호하지 않으면 안 된다. 2) 두 번째로 알려지지 않은 것들을, 앞에서 말한 그러한 기준에 따라서 지각하기 위하여 규칙들을 부여하지 않으면 안 된다. 3) 세 번째로 우리들이 쓸데없는 것들로 완전히 지치지 않기 위해서 질서를 확정하지 않으면 안 된다. 이 방법을 안 다음에 우리들은, 4) 우리가 가장 완전한 존재자의 관념(idea Entis perfectissimi)을[14] 가졌을 때 이 방법이 가장 완전한 방법이 되리라는 것을 알았다. 그러므로 무엇보다도 먼저 우리들은 가능한 한 가장 빨리 그와 같은 존재의 인식에 도달하기 위해서 제일 주의를 기울여야만 할 것이다.

---

14   (역주) '가장 완전한 존재자의 관념'은 신(Deus) 또는 자연(Natura)의 관념이다.

8

방법의 제1부, 허구적인 관념

그러면 방법의 첫 번째 부분과 함께 시작해 보기로 하자. 이 부분은 우리들이 말한 참다운 관념을 여타의 지각들로부터 구분하고 분리하지 않으면 안 되며, 또한 그릇되고 허구적이며 의심스러운 관념들이 참다운 관념들과 섞이지 않도록 정신을 차리지 않으면 안 된다. 나는, 나의 독자들이 매우 필요한 것의 인식에 몰두하도록 하기 위해서, 그리고 또한 참다운 지각과 다른 모든 지각들 사이를 구분하는 데 주의를 기울이지 못하고 자기들의 참다운 지각들마저도 의심하게 된 사람들이 많다는 점을 생각하여 방금 앞에서 말한 주제를 당분간 설명할 생각이다. 그래서 그들은 마치 깨어 있을 때 자기들이 깨어 있는 것을 의심하지 않는 사람들과 같다. 그러나 흔히 일어나는 일처럼 언젠가 그들은 잠속에서 자기들이 확실히 깨어 있다고 믿는데 나중에 이것이 거짓된 것임을 발견하며, 자기들이 깨어 있는 것에 대해서도 의심한다. 이러한 일은 그들이 잠과 깨어 있음 사이를(inter sommum, et vigiliam) 전혀 구분하지 않았기 때문에 생긴다.

그런데 여기에서 나는, 모든 지각의 본질을 그것의 가장 가까운 원인을 통해서 설명하려고 하지 않는다는 것을 주의하고자 한다. 왜냐하면 이것은 철학에 속하기 때문이다.[1] 오히려 나는 방법이 요청하는 것만을, 곧 어디에서 허구적이고 그릇되며 의심스러운 지각이 성립되는지 그리고 우리들이 어떻게 각각의 그러한 지각에서 해방될 수 있는지를 주의해서 보려고 한다.

모든 지각은 현존하는 것으로 고찰된 것이거나 아니면 오로지 본질에만 관계하기 때문에, 그리고 허구화(fictio)는[2] 흔히 현존하는 것으로 고찰되는 사물들에서 성립하기 때문에 이 허구화에 대해서 나는 다음처럼 말하지 않으면 안 된다. 말하자면 현존재가 어디에서만 표현되는지(fingitur) 그리고 그러한 상태에서 표현되어 허구화되는 사물들이 어디에서 이해되는지 아니면 이해된 것으로 전제되는지를 내가 말하지 않으면 안 된다. 예컨대 내가 아는 페트루스에 대해서 나는 그가 집으로 간다거나 그가 나를 방문한다 등등을 상상한다.[3] 여기에서 나는 다음처럼 묻는다. 그와 같은 관념은[4] 무엇에 관계하는가? 나는 그와 같은 관념이 존재 가능한 사물에서 성립하지만, 필연적인 사물에서는 성립하지 않으며 존재 불가능한 사물들에서도 성립하지 않는다는 것을 안다.

나는 현존하기 위해서 그 본성이 모순을 포함하는 것을 불가능한 것

---

1   (역주) 이 말은, 스피노자가 여기에서는 철학(학문)의 기초가 되는 '방법론', 그것도 지성을 개선하기 위한 방법론을 제시하고 본격적인 철학의 주제들에 대해서는 철학적 주요 논문이나 저술들에서 다루겠다는 의도를 담고 있다.
2   (역주) fictio는 형성, 형태화, 허구, 말의 형성, 상상, 생각 등의 뜻을 가진다. 스피노자가 여기에서 말하는 fictio는 사물을 말로 표현하는 것을 뜻한다.
3   우리들이 명백하게 이해하게 되는 가설들에 대해서 우리가 무엇을 주의해야 할 것인지 계속해서 보라. 그러나 그 가설들 자체가 천체 안에 현존한다고 우리들이 말하는 사실 안에 허구화(fictio)가 존재한다.
4   (역주) 페트루스(Petrus)의 관념을 말한다.

이라고 부르며, 현존하지 않기 위해서 그 본성의 모순을 포함하는 것을 필연적이라고 부른다. 그 사물 자체의 본성에 따라서 그 어떤 본질이 현실적으로 존재하기 위해서나 아니면 현실적으로 존재하지 않기 위해서나 모순을 포함하지 않고, 우리들이 그것의 현존을 허구화하는 동안 (quamdiu ipsius existentiam fingimus)[5] 그 현존의 필요성이나 불가능성은 우리들이 알지 못하는 원인들에 의존한다. 그러므로 만일 외적 원인들에 의존하는 그 현존 사물의 필연성이나 불가능성이 우리들에게 알려져 있다면 우리들은 또한 그것들에 대해 아무것도 허구화할 수 없을 것이다.

이로부터 다음의 사실이 따라 나온다. 즉 만일 어떤 신, 곧 전지(全知)의 존재(aliquis Deus aut Omniscium)가 있다고 한다면 그와 같은 존재는 전혀 아무것도 허구화할 수 없을 것이다. 왜냐하면 우리들에 대해서(ad Nos) 말하자면, 내가 현존한다는 것을 안 다음에[6] 내가 현존하거나 또는 현존하지 않는다는 것을 허구화할 수 없기 때문이다. 또한 나는 바늘구멍을 통과하는 코끼리를 허구화할 수 없다. 그리고 신의 본성(natura Dei)을 안 다음에, 나는 신을 현존하는 것으로 또는 현존하지 않는 것으로 허구화할 수 없다.[7] 그 본성이 현존에 모순되는 키메라

---

5 (역주) '허구화한다' (fingo)는 형성한다, 상상한다, 생각한다 등의 뜻을 가지고 있다. 앞의 역주에서도 간단히 밝힌 것처럼 fingo는 사물이나 사태를 언어로 표현하는 인간의 대표적인 지성 작업이다.

6 사물은, 만일 우리들이 그것을 이해하기만 한다면, 자기 자신을 드러내기 때문에 우리들은 또 다른 증명 없이 단지 하나의 실례(實例)만을 필요로 한다. 똑같은 것이 그것의 모순되는 반대에 대해서도 성립할 것이다. 이 반대는, 우리들이 본질에 대해서 말할 때 나중에 즉시 명백하게 될 것처럼 그 자체의 그릇됨을 제시하기 위해서 단지 검토될 필요만 가지고 있다.

7 다음을 주의하라. 비록 많은 사람들이 과연 신이 현존하는지의 여부에 대해서 의심한다고 할지라도 그들은 명칭(nomen) 이외에 아무것도 가지고 있지 않거나 아니면 그들이 신이라고 부르는 어떤 것을 허구화한 것이다. 우리들이 나중에 적절한 곳

(Chimaera)에[8] 대해서도 똑같이 이해하지 않으면 안 된다. 이로부터 나는 다음처럼 명백하게 말한다. 즉 우리들이 여기에서 말하는 허구화 (fictio)는 영원한 진리에 대해서는 성립하지 않는다.[9]

그러나 앞으로 더 나아가기에 앞서 나는 내친 김에 다음의 사실에 주의한다. 즉 어떤 사물의 본질과 다른 사물의 본질 사이에 있는 그러한 차이는 바로 어떤 사물의 활동이나 현존과 다른 사물의 활동이나 현존 사이에 있는 차이나 똑같다. 그래서 만일 우리들이 예컨대 아담의 현존 (existentia Adami)을 오직 일반적인 현존만을 통해서 생각하고자 했다면, 그것은 결국 아담은 존재자이다(Adam esse ens)라고 정의하기 위해서 그의 본질을 파악하려고 존재자의 본성에 대해서(ad naturam entis) 주의를 기울이는 것과 동일한 것이다. 그러므로 현존재(existen-tia)를 보다 더 보편적으로 생각하면 할수록 그것은 더욱더 혼란스럽게 여겨지며 또한 보다 더 쉽게 각각의 사물로 허구화될 수 있다. 반대로 현존재를 보다 더 개별적으로 생각할 경우 그것은 한층 더 명백하게 이해된다. 우리들이 자연의 질서에 주의를 기울이지 않을 경우 사물 자체가 아니고 다른 어떤 것을 허구화하는 것은 한층 더 어렵다. 이것은 주의해 볼만한 가치가 있다.

여기에서 이미 우리들은, 사물이 우리가 허구화하는 것과 같지 않다

에서 제시하게 될 것처럼 이러한 허구적 관념은 신의 본성과(cum Dei natura) 일치하지 않는다.

8 (역주) 그리스 신화에 등장하는 괴물로 머리는 사자, 몸은 산양, 꼬리는 뱀의 형태를 가졌다.

9 나는 곧 다음의 사실도 제시할 것이다. 즉 영원한 진리에 대해서는 어떤 허구화도 성립하지 않는다. 내가 이해하는 영원한 진리란, 만일 그것이 긍정적이라면, 결코 부정적일 수 없을 것이다. 그러므로 신이 존재한다(Deum esse)는 것은 영원한 진리가 아니다. 키메라가 존재하지 않는다는 것은 영원한 진리지만, 아담이 생각하지 않는다는 것은 영원한 진리가 아니다.

고 명백하게 이해한다고 할지라도, 사람들이 대체로 허구화되었다고 말하는 것들을 고찰하지 않으면 안 될 것이다. 예컨대 비록 내가 지구가 둥글다는 것을 안다고 할지라도, 어떤 것도 내가 어떤 사람에게 지구는 반구(半球)이며 접시 위에 있는 반쪽의 유자와 같다고 또는 태양은 지구 둘레를 돈다는 등을 말하는 것을 방해하지 않는다. 만일 우리들이 이러한 경우들에 주의를 기울인다면, 이미 말한 것과 연관되지 않은 어떤 것도 알 수 없을 것이며, 단지 다음과 같은 사실에 주의하지 않으면 안 될 것이다. 즉 우리들은 일찍이 오류를 범할 수 있었으며, 이미 우리들의 오류를 의식하고 있다. 다음으로 우리들은, 다른 사람들도 똑같이 오류를 범하거나 아니면 우리들이 이전에 빠졌던 오류에 똑같이 빠졌다고 허구화하거나 또는 적어도 그렇게 믿을 수 있다. 나는 다음처럼 말한다. 즉 우리들이 아무런 불가능성도 그리고 아무런 필연성도 알지 못하는 동안 우리는 이것을 허구화할 수 있다. 그러므로 내가 어떤 사람에게 지구는 둥글지 않다 등등을 이야기할 때 나는 다음과 같은 것 이외에 어떤 것도 행하지 않는 것이다. 즉 나는 아마도 내가 가졌던, 아니면 내가 빠질 수 있었던 오류를 기억하며 내 말을 들은 사람이 아직도 그러한 오류에 빠져 있거나 아니면 빠질 수 있으리라고 허구화하거나 또는 그렇게 믿는다. 내가 말한 것처럼 내가 어떤 불가능성도, 어떤 필연성도 알지 못하는 동안에만 그러한 것을 허구화한다.[10] 만일 내가 이것을 제대로 이해했더라면, 나는 전혀 아무것도 허구화할 수 없었을 것이며 사람들은 내가 어떤 것을 시도했다고 말하지 않으면 안 되었을

---

10 (역주) 다시 한번 강조하지만 fingo는 넓은 의미에서 '인식하다' 의 뜻을 가지며 구체적으로는 대상을 표상이나 개념에 의해서 형태화하는 것, 다시 말해서 대상을 단어에 의하여 일정한 개념으로 형태화하는 것을 의미한다. 'fingo' 를 정확히 옮기기가 힘들어서 역자는 '허구화하다' 로 옮겼다.

것이다.

또한 우리들이 주의해야 할 것이 남아 있는데, 그것은 문제들과 연관해서 전제되는 것으로서 도처에 있는 불가능한 것들에서 발생한다. 예컨대 우리들은 다음처럼 말할 수 있다: "이 타는 양초가 지금 타고 있지 않다고 가정해 보자." 또는 "이 타는 양초가 아무런 물체들도 없는 어떤 상상적인 공간에서 타고 있다고 가정해 보자." 비록 후자의 예가 불가능한 것으로 명백하게 이해된다고 할지라도 우리들은 그와 같은 것을 어디에서나 가정한다. 그러나 그러한 가정이 생길 때 전혀 어떤 것도 허구화되지 않는다. 왜냐하면 첫 번째 예에서 나는 타지 않는 또 다른 양초를 기억하는 것(곧 불꽃이 없는 이 양초를 생각하는 것)[11] 이외에는 아무것도 행하지 않았으며 내가 불꽃에 주의를 기울이지 않는 동안 나는 후자의 양초에 대해서 생각하는 것 자체를 전자의 양초로부터 이해하기 때문이다. 두 번째 경우에는 우리들이 주변의 물체들로부터 생각을 멀리하는 일 이외의 어떤 다른 것도 생기지 않는다. 그래서 정신은 그 자체로만 고려된 양초만을 관찰하게 된다. 나중에 정신은, 어떤 양초도 자기 자신의 소멸에 대한 원인을 가지고 있지 않다고 결론 내린다. 그러므로 만일 주변에 아무 물체들도 없다면, 이 양초와 양초

---

[11] 나중에 만일 우리들이 본질에 관계하는 허구화에 대해서(de fictione) 말한다면 다음의 사실이 명백하게 될 것이다. 즉 허구화는 결코 어떤 새로운 것을 만들지도 않고 정신에게 제시하지도 않는다. 오히려 허구화는 두뇌나 상상 속에 있는 것을 기억으로 되불러 올 뿐이며, 정신은 동시에 혼란스럽게 이 모든 것에 주의를 기울인다. 예컨대 언급된 단어와 나무(loquela, et arbor)를 기억 속에 떠올려 보자. 그런데 만일 정신이 구분하지 못하고 혼란스럽게 주의를 기울인다면 정신은 나무가 말한다는 것을(arborem logui) 믿는다. 특히 우리들이 말한 것처럼 현존재(existentia)가 일반적으로 존재자(ens)로 파악될 경우 우리들은 현존재에 대해서도 똑같이 이해할 수 있다. 왜냐하면 기억 속에 함께 나타나는 것은 쉽게 모든 것에 첨가되기 때문이다. 이것은 매우 주의할 만한 가치가 있다.

의 불꽃도 불변하게 남아 있을 것 등등으로 결론지어질 것이다. 그러므로 여기에는 어떤 허구도 존재하지 않고 오직 참답고 순수한 주장만 있다.[12]

이제 오직 본질에 대해서만 성립하는, 아니면 어떤 능동성이나 현존재를 동시에 가지는(cum aliqua actualitate, sive existentia simul)[13] 본질에 대해서 성립하는 허구화로 넘어가 보기로 하자. 이에 대해서는 다음의 사실을 가장 주의하지 않으면 안 된다. 즉 정신이 덜 이해할수록, 그렇지만 정신이 더 많이 지각할수록 이 정신은 더 큰 허구화의 능력(potentia fingendi)을[14] 가지며, 정신이 더 많이 이해할수록 정신의 허구화의 능력은 감소된다. 마찬가지로 예를 들어 우리들이 앞에서 본 것처럼, 우리가 생각하는 동안에는 우리들이 생각한다는 것을, 우리들이 생각하지 않는다는 것을 허구화할 수 없다. 그러므로 또한 우리가 신체의 본성을 알고 나서 무한한 파리를 허구화할 수 없다.[15] 또는 우리가 영혼의 본성을[16] 알고 나서, 비록 우리들이 모든 것을 단어들을 통해서

---

12 똑같은 것이 가설들에 대해서도 이해되어야 한다. 우리들은 천체 현상과 일치하는 특정한 운동들을 설명하기 위해서 이 가설들을 만든다. 그런데 그 가설들이 천체 운동에 적용될 경우 우리가 그 가설들로부터 천체의 본성을 해명하는 것은 제외하기로 하자. 그렇지만 특히 그와 같은 운동들의 설명을 위해서는 수많은 다른 원인들이 생각될 수 있기 때문에 천체의 본성은 또 다른 것일 수 있다.

13 (역주) 능동성(actualitas)은 작용, 효과, 효력, 활동 등의 뜻도 가지고 있다.

14 (역주) 스피노자는 인식론에 있어서 데카르트의 지대한 영향을 받았으며 다분히 플라톤의 전통에 기울고 있다. 스피노자가 말하는 허구화는 플라톤의 속견(doxa)에 해당하고, 그가 말하는 진리는 플라톤의 참다운 인식(épisteme)에 해당한다고 할 수 있다.

15 (역주) '무한한 파리를 허구화할 수 없다'(non possumus fingere muscam infinitam)는 '무한한 파리를 관념으로 만들어서 표현할 수 없다'의 의미이다.

16 한 인간이 영혼(anima)이라는 말을 자신의 기억에 떠올리고 동시에 어떤 신체적 이미지(imago)를 형성하는 것은 흔한 일이다. 그러나 만일 이들 두 가지가 동시에 표상된다면, 그는 신체적 영혼(anima corporea)을 상상하고 허구화하는 것을

표현한다고 할지라도, 우리들은 영혼을 사각형이라고 허구화할 수는 없다. 그러나 우리들이 말한 것처럼 인간들은 본성(Natura)을 덜 알수록 많은 것들을 더 쉽게 허구화할 수 있다. 이는 마치 다음과 같다. 즉 나무들이 말하며 인간들은 순간적으로 돌로, 샘물로 변화되며, 유령들이 거울에 나타나고, 무(無)로부터 어떤 것이 만들어지고, 또한 신도 짐승과 인간으로 변하는 것과 같은 무한한 다른 종류의 것들이 있다.

아마도 어떤 사람은 허구화(fictua)는 허구화에 의해서 결정되고 지성(intellectus)에 의해서 결정되지 않는다고 믿을 것이다. 곧 내가 어떤 것을 허구화하고 나름대로 자유롭게 이 어떤 것이 사물의 본성 안에 현존한다는 것을 시인할 경우 다음과 같은 결과가 생긴다. 즉 나중에 우리들은 그 어떤 것을 다른 방식으로는 생각할 수 없을 것이다. 예컨대 내가 물체의 그러한 본성을(그들과 함께 이야기하기 위해서) 허구화했을 경우 그리고 그러한 물체의 본성이 실제로 그렇게 현존한다고 자유롭게 나 자신을 설득하려고 했을 경우, 나는 더 이상 무한한 파리(musca infinita)를 허구화하지 않아도 되며 내가 영혼의 본질을 허구화한 다음에는 그것을 더 이상 사각형으로 생각할 수 없다 등으로 생각할 수 있을 것이다.

그러나 우리들은 이 점을 검토하지 않으면 안 된다. 첫 번째로, 사람들은 우리들이 어떤 것을 이해할 수 있다는 사실을 부정하거나 또는 인정한다. 만일 사람들이 인정한다면, 사람들이 허구화에 대해서 말하는 그 자체는 또한 필연적으로 지성적 이해에 대해서도(etiam de intellec-

쉽사리 믿는다. 왜냐하면 그는 명칭을 사물 자체로부터(nomen a re ipsa) 구분하지 못하기 때문이다. 여기에서 나는 바라건대, 독자들이 오직 예(例)들에만, 그리고 동시에 뒤따라 오는 것에만 옳게 주의를 기울인다면, 하지 않아도 될 일을 너무 일찍 서둘러서 던져버리지 않기를 요청한다.

tione) 언급되지 않으면 안 된다. 그러나 만일 사람들이 그것을 부정한 다면, 우리들이 어떤 것을 안다는 사실을 아는 우리들은 사람들이 무엇을 말하고 있는지 알아볼 수 있다. 곧 그들은 다음의 사실을 말하고 있다. 즉 영혼은 다양한 방식으로 자기 자신도 그리고 현존하는 사물들도 생각하지 못하고 지각하지 못하며, 그 자체로도 또 어느 곳에도 존재하지 않는 것만을 생각하며 지각한다는 것이다. 곧 영혼은 오직 자신의 힘으로만 사물들에 일치하지 않는 감각들과 관념들을 창조해 낸다는 것이다. 그래서 사람들은 어느 정도 영혼을 신처럼(tamquam Deum) 고찰한다. 더 나아가서 사람들은 다음처럼 말한다. 즉 우리들 또는 우리들의 영혼은 일종의 자유를 가지고 있어서 영혼은 우리들 자신이나 자기 자신을, 자기 자신의 자유를 강제로 속박한다는 것이다. 왜냐하면 영혼은 어떤 것을 허구적인 관념으로 만들고 그것에 동의한 다음에는 어떤 다른 방식으로도 그것을 생각하거나 허구화할 수 없으며, 이러한 허구화를 통해 계속해서 사물들을 다음처럼 생각하도록 강요당할 것이기 때문이다. 즉 첫 번째 허구화는 사물들과 반대되지 않는다는 것이다.[17] 이는 마치 여기에서 내가 재검토하는 부당함을 그것의 허구화 때문에 사람들로 하여금 받아들이도록 강요하는 것과도 같다. 우리들은 바로 앞의 사실들을 반박하기 위해서 어떤 증명에도 힘을 쏟지 않을 것이다.

그러나 사람들을 그들의 망상에 맡겨 두고, 우리들은 우리가 그들과 나눈 말로부터 우리의 목적을 위해서 다음처럼 참다운 것을 이끌어 낼 것이다. 즉 정신(Mens)이 본성상 허구적이고 그릇된 사물을 숙고하고 이해하기 위해서 그 사물에 주의를 기울일 경우 그리고 적절한 질서에

---

17 (역주) 첫 번째 허구화(prima fictio)가 사물들과 반대되지 않는다는 것은 사물 대상을 단어로 표현해서 관념화한 것이 사물 대상과 일치한다는 것을 뜻한다.

따라서 그 사물로부터 연역되지 않으면 안 되는 것을 연역할 경우 정신은 쉽게 잘못을 발견할 것이다.[18] 그리고 정신이 허구적인 관념을 이해하기 위해서 그것에 주의를 기울이고 적절한 질서에 따라서 그 관념에서 생기는 결론들을 그 관념으로부터 연역하기 시작할 경우, 방금 언급한 그릇된 허구화로부터(ex falsa fictione) 지성 자신이 즉시 그릇된 허구의 부당함을 밝히고 그러한 허구에서 생기는 부당함을 드러낸다는 것을 우리들이 안 것과 마찬가지로 정신은 어떤 장애도 없이 행복하게 계속 나아갈 것이다.

　그러므로 만일 우리들이 명석하게 그리고 분명하게(clare, et distincte) 사물을 지각하기만 한다면 우리가 어떤 것을 관념화하는 것을(aliquid fingere) 전혀 두려워할 필요가 없을 것이다. 만일 우리가 우연히, 인간들이 갑자기 짐승들로 변했다고 말한다면 이것은 매우 일반적인 종류의 언명이어서 정신에는 아무런 개념도 없을 것이다. 곧 정신에는 주어와 술어의 관념이나 관계가 없을 것이다. 왜냐하면, 만일 그와 같은 개념이나 관계가 있다면, 정신은 무엇을 통해서 그리고 왜(quo et cur) 그와 같은 것이 생기는지 수단들과 원인들을 동시에 알 것이기 때문이다. 더 나아가서 주어들과 술어들의 본성에 대해서는 주의를 기울이지 않게 된다.

　더 나아가서 최초의 관념이 허구적으로 만들어지지 않고 여타의 모

18　비록 내가 이것을 경험으로부터 추론하는 것으로 보이고, 이것이 증명을 결여하고 있기 때문에 어떤 사람은 이것이 아무것도 아니라고 말할 수 있다고 할지라도, 만일 그가 증명을 원한다면 그는 증명을 취할 수 있다. 자연 안에는 자연법칙에 반대되는 어떤 것도 존재할 수 없고, 모든 것들은 자연의 확실한 법칙에 따라서 일어나기 때문에 자연의 일정한 결과들은 흔들림 없는 연쇄 안에서 일정한 법칙들에 의해서 산출된다. 따라서 다음의 사실이 따라 나온다. 즉 영혼이 사물을 참답게 파악할 경우, 영혼은 계속해서 똑같은 결과들을 객관적으로 형성할 것이다. 다음에 내가 그릇된 관념(idea falsa)에 대해서 말하는 곳을 보라.

든 관념들이 최초의 관념에서 연역된다면 너무 서둘러서 허구적으로 관념을 만드는 것은 점점 사라질 것이다. 또한 허구적으로 만들어진 관념은 명석판명하지 않고 단지 혼란스러우며, 모든 혼란은 완전한 전체에 대한 또는 수많은 구성 요소들로 구성된 통일에 대한 정신의 부분적인 지식에서 생기기 때문에 정신은 알려진 것을 알려지지 않은 것으로부터 구분하지 못한다. 게다가 정신은 모든 사물에 포함되어 있는 수많은 것들에 대해 동시에 그리고 어떤 차이도 없이 주의를 기울이기 때문에 이로부터 다음의 사실이 따라 나온다.

1) 첫 번째로, 만일 관념이 가장 단순한 어떤 것에[19] 대한 것이라면 그것은 오로지 명석(明析)하고 판명(判明)한(clara et distincta) 것일 수 있다. 왜냐하면 그와 같은 것은 부분적으로가 아니라, 전체가 알려지거나 아니면 전혀 아무것도 알려져서는 안 되기 때문이다.

2) 두 번째로 다음의 사실이 따라 나온다. 즉 만일 수많은 요소들로 구성된 어떤 사물이 사유 안에서(cogitatione) 그것의 가장 단순한 모든 부분들로 나누어지고 각 부분에 따로따로 주의가 기울여진다면, 모든 혼란이 사라질 것이다.

3) 세 번째로 다음의 사실이 따라 나온다. 즉 허구적 관념(fictio)은 단순할 수 없고, 자연 안에 현존하는 다양한 사물들과 행동들에 대한 다양한 혼란스러운 관념들의 결합에 의해서 형성된다. 아니면 더 낫게 말해서 허구적 관념은 동시에 동의를 받지 않고 그와 같은 다양한 관념들에[20] 주의함으로써 형성된다. 왜냐하면, 만일 허구적 관념이 단순하

---

19   (역주) 어떤 것으로 옮긴 res는 사물, 사태, 사건, 사실, 장점, 행동, 현실성 등 여러 가지 의미를 가지고 있다. 옮긴이는 여기에서 res를 문맥에 따라서 사물이나 사태로 옮겼다.

20   특히 주의할 것. 깨어 있는 사람에게 의미의 도움을 주는 원인들이 꿈에서 주어진다는 사실을 제외한다면, 허구화(fictio)는 그 자체로 고찰하면 꿈과 많이 다르지

다면 그것은 명석판명할 것이며 결과적으로 참다울 것이기 때문이다. 만일 허구적 관념이 명석판명한 관념들의 결합으로부터 형성되었다면 그 결합도 명석판명할 것이고 따라서 참다울 것이다. 예컨대 우리들이 원의 본성과 사각형의 본성을 알았을 때, 이 두 가지를 결합할 수 없으며, 원을 사각형으로 만들거나 영혼을 사각형으로 만드는 등의 유사한 일들을 할 수 없다.

　다시 한번 짤막하게 결론을 내리면서, 허구적 관념(fictio)이 참다운 관념과(cum veris ideis) 섞일 수 있다는 것에 대해서 왜 우리들이 전혀 두려워할 필요가 없는지를 알아 보기로 하자. 왜냐하면, 우리들이 앞에서 말한 첫 번째 허구화에 대해서 말한다면, 곧 한 사물이 명백하게 파악될 경우 다음의 사실을 알았기 때문이다. 즉 명백하게 파악되는 그 사물과 그것의 현존 자체 역시 영원한 진리라면 우리들은 그와 같은 사물에 대해서 어떤 허구적인 개념도 만들 수 없다.[21] 그러나 만일 파악된 사물의 현존재(existentia rei)가 영원한 진리가 아니라면, 우리들은 사물의 현존재를 오로지 사물의 본질과 비교할 필요가 있으며 동시에 자연의 질서에 대해서(ad ordinem Naturae) 주의하여야 한다. 우리들이 말한 것처럼 두 번째 종류의 허구화에 대해서 말한다면, 그것은 동시에 자연 안에 현존하는 다양한 사물들과 활동들에 대한 혼란스러운 다양

　않다. 이러한 사실로부터 깨어 있는 사람들은 다음처럼 추론한다. 즉 그러한 현상들은 그 당시 그들의 외부에 있는 사람들에 의해서 제시되지 않는다. 그러나 곧 밝혀질 것과 마찬가지로 오류(error)는 깨어 있으면서 꿈꾸는 것(vigilando som-niare)이다. 그리고 만일 오류가 심하게 나타나면 그것은 망상(delirium)이라고 일컬어진다.

21　(역주) 역자가 이미 역주를 통해서 여러 차례 밝힌 것처럼 fingere는 '형성하다', '형태를 만들다', '허구화하다', '상상하다', '건축하다' 등의 의미들을 가지고 있는데, 스피노자가 이 fingere라는 개념으로 의미하는 것은 '사물을 표상하여 관념으로 만들다'이다.

한 관념들에 동의하지 않고 그것들을 주의하는 데서 성립한다. 우리들은 또한 가장 단순한 사물은 허구화될 수 없고 이해될 수 있다는 것을 알았다. 또한 결합된 사물을 구성하는 가장 단순한 부분들에 대해서 주의를 기울일 경우, 결합된 사물의 경우도 마찬가지이다. 물론 우리들은 결합물 자체로부터 참답지 않은 어떤 활동도 허구화할 수 없다. 왜냐하면 그와 같은 것이 어떻게 그리고 왜(quomodo, et cur) 생기는지 우리들이 고찰하여야 할 필요가 있기 때문이다.

9

그릇된 관념

이것들을 그렇게 이해한 다음에, 그릇된 관념들이 어디에서 성립하는지 그리고 그릇된 지각에 빠지지 않기 위해서 우리 자신을 어떻게 지켜야 하는지를 알기 위해서 이제 그릇된 관념에 대한 탐구로 넘어가 보기로 하자. 우리가 허구적 관념들을 탐구한 다음에는 이들 두 가지가 더 이상 우리들에게 어렵지 않을 것이다. 왜냐하면 이 관념들 사이에는 그릇된 관념이 동의(同意)를 전제로 한다는 것 외에는 다른 아무런 차이도 없기 때문이다. 즉 (우리들이 이미 주의한 것처럼) 관념들이 마음에 제시되는 동안 허구화의 경우와 마찬가지로 마음으로 하여금 관념들이 외적 사물들로부터 생긴다고 추론할 수 있도록 하는 원인들은 어떤 것도 제시되어 있지 않다. 그리고 그릇된 관념은 거의 눈을 뜨고 아니면 깨어 있으면서 꿈꾸는 것일 뿐이다. 그러므로 그릇된 관념은 성립하거나, 또는 더 좋게 말해서 사물의 현존재에 관계한다. 우리들은 그 사물의 본질을 인식한다. 또 한편 그릇된 관념은 허구적 관념과 똑같은 식으로 본질에 관계한다.

현존재에 관계하는 그릇된 관념은 허구적 관념과 똑같은 방식으로 개선된다. 왜냐하면, 만일 알려진 사물의 본성이 필연적 현존재를 전제로 삼는다면 그 사물의 현존재에 대해서 우리들이 기만당하는 것이 불가능하기 때문이다. 만일 사물의 현존재가 그 사물의 본질처럼 영원한 진리가 아니고 사물의 현존재의 필연성이나 불가능성이 외적 원인들에 의존한다면, 허구화에 대한 논의에서 우리들이 말한 것과 똑같은 식으로 우리들은 모든 것을 받아들인다. 왜냐하면 사물의 현존재가 똑같은 식으로 개선될 수 있기 때문이다.

본질들이나 또는 행동들에 연관된 그릇된 관념들에 대해서 말하자면 그와 같은 지각들은 필연적으로 언제나 혼란스러워 자연 안에 현존하는 사물들에 대한 다양한 혼란스러운 지각들로 구성되어 있다. 이는 마치 인간들이 숲 속에, 이미지들 속에, 짐승들 안에 그리고 여타의 것들 안에 신성(神性, numina)이[1] 있다고 확신하는 것과도 같다. 신체들의 단순한 결합에서 지성이 생기는 신체들이 존재할 수 있을 것이다. 시체들이 추론하고 배회하며 말할 수 있을지 모른다. 신이 기만당한다 등등일 수 있을 것이다. 그러나 명석판명(明晳判明)한 관념들은 결코 그릇될 수 없다. 왜냐하면 명석판명하게 파악되는 사물들의 관념들은 가장 단순하거나 아니면 가장 단순한 관념들로부터 구성되기 때문이다. 다시 말해서 가장 단순한 관념들로부터 연역되기 때문이다. 그러나 누구나 무엇이 진리인지 또는 지성인지 그리고 동시에 무엇이 오류인지 알면, 가장 단순한 관념(idea simplicissima)이 그릇될 수 없다는 것을 알게 될 것이다.

왜냐하면 진리의 형태(forma veri)를 구성하는 것을 살펴보면 참다운 생각은 외적 표시(denominatio)[2]뿐만 아니라 주로 내적 표시에 의

---

1   (역주) numen은 의지, 신, 신성, 신탁, 보호신 등의 뜻을 가지고 있다.
2   (역주) denominatio는 명명(命名), 특징, 표시 등을 뜻한다.

해서 그릇된 생각으로부터 구분되기 때문이다. 만일 어떤 수공업자가 제대로 된 어떤 작품을 생각한다면, 비록 그러한 작품이 결코 존재한 적이 없고 또한 앞으로도 존재할 리 없을 것 같다고 할지라도 그의 생각은 그래도 참다우며, 그 작품이 현존하든지 안하든지 간에 그 생각은 똑같다. 이와 반대로 만일 어떤 사람이, 예컨대 페트루스가 있는지 알지 못하면서도 페트루스가 있다고 말한다면, 그렇게 말하는 사람에게 연관된 생각은 그릇되거나 아니면, 만일 우리들이 일부러 원할 경우, 비록 페트루스가 실제로 있다고 할지라도 참답지 않다. 페트루스가 있다는 언명(enunciatio)은 오직 페트루스가 있다는 것을 확실히 아는 사람에 연관해서만 참답다.

이로부터 다음의 사실이 따라 나온다. 즉 관념들 안에는 참다운 것들을 그릇된 것들로부터 구분하는 어떤 현실적인 것이 있다. 우리들은 이제 이것을 확실히 탐구하지 않으면 안 될 것이다. 그리하여 우리들은 진리에 대한 최선의 기준을 가질 수 있으며(왜냐하면, 우리는 주어진 참다운 관념의 기준에 따라서 우리들의 생각을 결정해야만 하고 반성적 사고(cognitio reflexiva)를 방법으로 한다고 말했기 때문에) 지성의 속성들을 알 수 있게 된다. 그리고 우리들은 또한 참다운 관념들과 그릇된 관념들 사이의 차이가 참다운 생각이 사물의 제1원인을 통해서 사물을 인식하는 데서 도출된다고 말해서는 안 된다. 여기에서 참다운 생각은 확실히, 앞에서 내가 설명한 것처럼, 그릇된 생각과 많이 다를 것이다. 왜냐하면, 원인을 가지지 않고 자신을 통해서 그리고 자신 안에서(per se, et in se) 인식되는 생각이 참다운 생각으로[3] 일컬어지기 때문이다.

그러므로 참다운 사고의 형태는 다른 생각들과 관계없이 바로 이 생

---

3 (역주) 참다운 생각(cogitatio vera)은 참다운 사고(思考) 또는 참다운 사유(思惟)라고도 할 수 있다.

각 자체 안에 놓여 있지 않으면 안 된다. 참다운 사고는 어떤 대상도 원인으로 인식하지 않지만, 지성 자체의 능력과 본성에(ab ipsa intellectus potentia, et natura) 의존하지 않으면 안 된다. 즉 신이 사물들을 창조하기 이전에 어떤 사람이 신의 지성을(물론 어떤 대상으로부터도 생길 수 없는 지각을) 생각하는 것과 마찬가지로 지성은[4] 전혀 존재하지도 않았던 어떤 새로운 존재자를 지각하고 지성은 그와 같은 지각들로부터 또 다른 지각을 타당하게 연역한다고 우리들이 전제한다면, 이모든 생각들은 참답고 또한 어떤 외적 대상으로부터도 결정되지 않고, 오로지 지성의 능력과 본성에만 의존할 것이다. 그러므로 우리들은 참다운 사고의 형태를 구성하는 것을 바로 이 사고 안에서 찾지 않으면 안 되고 또한 지성의 본성으로부터 도출해 내지 않으면 안 된다.

그러므로 이러한 것을 탐구하기 위해서 우리들은 어떤 참다운 관념을 제시하지 않으면 안 된다. 그 관념의 대상을 우리들은 가장 확실히 알기 때문에 그 대상은 우리들의 사고력에 의존하며, 자연 안에 어떤 대상을 가지지는 않을 것이다. 왜냐하면, 이미 말한 것에서 명백한 것처럼, 우리들은 우리가 원하는 것을 보다 더 쉽게 탐구할 수 있을 것이기 때문이다. 예컨대 구체(球體)의 개념을 형성하기 위해서 나는 내 뜻대로 원인을 만든다. 즉 반원(半圓)이 자신의 중심을 회전하며 이 회전으로부터 거의 구체가 생긴다. 이러한 관념은 확실히 참다우며, 자연에서는 구체(球體)가 결코 이런 식으로 생기지 않는다는 것을 우리들이

---

4   (역주) 신의 지성(Dei intellectus)은 전지전능한 신의 인식능력을 그리고 지성(intellectus)은 인간의 이성적 인식능력을 가리킨다. 인간의 지성을 가다듬으면(개선하면) 진리를 파악할 수 있다는 스피노자의 생각은(데카르트, 라이프니츠 등 합리주의자들과 마찬가지로) 중세 기독교 철학의 인식론(형이상학과 아울러)의 영향이 크다. 중세 기독교 철학에서는 인간을 신의 모사물(imago Dei)로 보았고 따라서 인간의 인식능력인 지성 역시 신의 전지전능을 닮은 것이었다.

안다고 할지라도 이러한 지각은 참다우며 구체의 개념을 형성하기 위한 가장 쉬운 방식이다. 이제 우리들은 다음의 사실에 주의해야 한다. 즉 이와 같은 지각은 반원의 회전을 긍정하는데, 만일 이 지각이 구체의 개념과 또는 그와 같은 운동을 결정하는 원인과 결합되어 있지 않다면, 또는 만일 이러한 긍정이 전적으로 홀로 성립한다면, 이 지각의 긍정은 그릇될 것이다. 왜냐하면 그럴 경우 정신은 반원의 개념에 포함되어 있지도 않고 운동을 결정하는 원인의 개념으로부터 생기지도 않는 반원 운동의 긍정으로만 향하기 때문이다. 그러므로 그릇됨은 오직 다음과 같은 사실 안에서만 성립한다. 즉 반원의 운동이나 정지와 마찬가지로 우리들이 사물에 대해서 형성한 개념 자체 안에 포함되어 있지 않는 사물에 대한 어떤 것이 긍정되는 경우에만 그 허위가 성립한다. 이로부터 다음의 사실이 따라 나온다. 즉 단순한 생각들은 마치 반원, 운동, 양(量) 등의 관념처럼 참답지 않을 수 없다. 이러한 생각들 안에 포함되어 있는 긍정은 모두 이 생각들의 전체 개념을 형성하며 그 이상 더 나아가지 않는다. 그러므로 우리들은 오류에 대한 어떤 불안도 없이 마음 내키는 대로 단순한 개념들을 형성할 수 있다.

그러므로 내가 탐구해야 할 것으로 아직 남아 있는 것은, 우리들의 정신은 어떤 능력으로 단순한 관념들을 형성할 수 있는지 그리고 이 능력은 어디까지 전개되는지에 대한 것이다. 이것을 발견하면 우리들은 우리가 도달할 수 있는 최고의 인식(summia cognitio)을 쉽게 알 것이다. 왜냐하면 정신의 이러한 능력은 무한하게 전개되지 않는다는 것이 확실하기 때문이다. 그 이유는 즉, 만일 우리가 형성하는 개념 안에 포함되어 있지 않은 사물에 대한 것을 우리들이 긍정한다면 그것은 우리들의 지각의 결함을 의미하거나 아니면 우리들이 마치 훼손되고 절단된 것과 같은 사고 또는 관념을 가지고 있는 것을 의미하기 때문이다.

우리들은 다음의 사실을 알고 있다. 즉 반원의 운동은 그것이 오직 정신 안에만 있을 경우 그릇되다. 그러나 반원의 운동이 구체(球體)의 개념과 결합되어 있거나 아니면 그러한 운동을 결정하는 어떤 원인의 개념과 결합되어 있을 경우에는 참답다. 첫눈에 보이는 것처럼 참답거나 적절한 사고(思考)를 형성하는 것이(cogitationes veras, sive adaequatas formore) 사유하는 존재자의 본성에 놓여 있다면 다음의 사실이 확실하다. 즉 우리가 어떤 사유하는 존재자의 일부라는 사실을 통해서만 부적절한 관념들이 우리들 안에 생기는데, 이 존재자의 어떤 생각들은 전체적으로 또 어떤 생각들은 단지 부분적으로만 우리들의 정신을 구성한다.

그러나 아직 고찰하지 않으면 안 되는 것, 그리고 허구화에 있어서 주의를 기울일 가치가 없었던 것, 또한 가장 큰 기만이 성립하는 곳은, 만일 그런 사실이 생긴다면, 다음과 같은 점이다. 즉 상상력 안에서 제시되는 어떤 것들은 지성 안에도 있다. 곧 명석판명하게 파악된다. 그러면 우리들이 판명(判明)한 것을 혼란스러운 것으로부터 구분하지 못하는 동안, 확실성 다시 말해서 참다운 관념은 판명하지 못한 관념과 섞이게 된다. 예컨대 몇몇 스토아 철학자들은[5] 영혼(anima)이라는 단

---

5 (역주) 고대 그리스 철학은 철학사적으로 1.자연철학 시대(탈레스~데모크리토스까지) 2. 인성론 시대(소크라테스 그리고 피타고라스나 고르기아스와 같은 궤변 철학자들) 3. 체계의 시대(플라톤 아리스토텔레스) 4. 윤리·종교의 시대 등 네 시기로 구분된다. 스토아 철학은 에피쿠루스 학파, 신플라톤주의(플로티노스가 대변함), 회의론과 함께 그리스 말기의 철학, 곧 헬레니즘 철학을 대변한다. 키케로, 세네카, 에픽테토스, 마르쿠스, 아우렐리우스 등이 대표적인 스토아 철학자들이다. 이들은 윤리적 삶의 법칙을 탐구하여 그것을 현실의 삶에 적용하려고 하였다. 스토아 철학자들은 인간의 본성, 곧 이성에 따라서 현실의 삶을 이끌어 가야 한다고 확신하였다. 스토아 철학자들은 윤리적 삶을 가장 중요시하면서 그러한 삶의 기준을 아리스토텔레스의 이성에서 찾고 있다고 할 수 있다.

어와 영혼의 불멸에 대해서도 우연히 들었겠지만 그것들을 단지 혼란하게만 상상했을 것이다. 또한 그들은, 가장 미묘한 신체들(corpora subtilissima)은[6] 여타의 모든 것들을 관통하지만 그 어떤 것도 그 가장 미묘한 신체들을 관통하지는 못한다고 상상하며 그렇게 이해하였다. 이 모든 것들이 상상되고 이와 같은 공리의 확실성을 동반하기 때문에 그들은 즉시 정신은 그 가장 미묘한 신체들로부터 성립하며 그 신체들은 나누어질 수 없다는 것 등을 확신하게 되었다.

그러나 만일 우리들이, 주어진 참다운 기준에 따라서 우리의 모든 감각들을 검토하기 위해, 그리고 처음에 말한 것과 마찬가지로, 소문으로부터 또는 불확실한 경험에서 얻는 지각들로부터 우리 자신을 지키기 위해서 노력한다면 우리들은 그와 같은 오류로부터 해방될 것이다. 덧붙여서 그와 같은 오류(deceptio)는[7] 그들이 사물들을 너무 추상적으로 파악하기 때문에 생긴다. 왜냐하면 내가 참다운 대상 자체로 파악하는 것을 다른 어떤 대상에도 적용할 수 없다는 것은 그 자체로 너무나도 명백하기 때문이다. 마지막으로 이러한 오류는 또한 그들이 전체 자연의 최초의 구성 요소들을 이해하지 못하는 데서 생긴다. 그리하여 그들은 질서 없이 진전하며 비록 추상들이 참다운 공리들이라고 할지라도, 자연을 추상들과 혼동하며 스스로 혼란에 빠져서 자연의 질서를 전도시킨다. 그러나 만일 우리들이 가능한 한 추상적으로 행동하지 않고, 첫 번째 구성 요소들로부터, 곧 자연의 원천과 근원으로부터 가능한 한 처음으로 시작한다면 그와 같은 오류를 전혀 두려워할 필요가 없을 것

---

6 (역주) 가장 미묘한 신체들이란 예컨대 천사들처럼 초월적인 존재자의 신체들을 뜻한다.

7 (역주) deceptio는 기만, 회피, 망각하게 함 등의 뜻을 가지고 있지만, 여기서는 기만당하여 잘못을 범하는 것을 의미하기 때문에 오류로 옮겼다.

이다.

그러나 자연의 근원에 대한 인식을 추상적인 것들과 혼동할까 봐 두려워할 필요는 전혀 없다. 왜냐하면 어떤 것이 마치 모든 보편적인 것들(omnia universalia)처럼 추상적으로 생각된다면 우리들은 개별적인 그것이 실제로 자연 안에 현존할 수 있는 것보다 언제나 보다 더 넓은 의미로 그것을 지성 안에서 파악하기 때문이다. 더 나아가서 자연 안에는 많은 것들이 있으며 그것들의 차이가 근소하여 지성이 거의 파악할 수 없기 때문에(만일 우리들이 그 차이를 추상적으로 생각한다면) 우리들이 그 차이를 혼동하는 경우가 쉽게 생길 수 있다. 그러나 우리가 나중에 알게 될 것처럼 자연의 근원(origo Naturae)은 추상적으로도 그리고 보편적으로도 생각될 수 없고, 현실적인 근원보다 지성에서 더 연장된 것일 수 없으며, 변화 가능한 사물들과 아무런 유사성도 가지지 않기 때문에, 만일 우리들이 오직 진리의 기준(norma veritatis)만을 가지고 있다면(우리들은 이 기준을 이미 제시했는데) 그 근원의 관념을 혼동하지 않을까 하는 두려움을 전혀 가질 필요가 없다. 물론 이 존재자는 유일하고[8] 무한하며, 다시 말해서 전체 존재(omne esse)이며 그것을[9] 넘어서는 것은 아무것도 존재하지 않는다.

[8] 내가 '철학'에서 밝힐 것인데, 이것들은 신 자신의 본질을 제시하는 신의 속성들(attributa Dei)이 아니다.
[9] 이것은 이미 앞에서 증명되었다. 왜냐하면, 만일 그와 같은 존재자가 현존하지 않았더라면 그것은 결코 산출될 수 없었을 것이기 때문이다. 그러므로 정신은 자연이 이해할 수 있는 것보다 더 이해할 수 있을 것인데 이는 앞에서 그릇된 것으로 제시되었다.

10

의심스러운 관념

그릇된 관념(idea falsa)에 대해서는 이 정도까지 살펴보기로 하자. 의심스러운 관념(idea dubia)을 탐구하는 것, 곧 우리를 의심하게 만들 수 있는 것이 어디에 있는지와 동시에 의심(dubitatio)을[1] 어떻게 없앨 수 있는지를 탐구하는 것이 아직 남아 있다. 내가 말하는 의심은 정신 내의 진짜 의심(vera dubitatio in mente)으로, 어떤 사람이 비록 마음으로는 의심하지 않을지라도, 말로만 자신이 의심한다고 말하는, 우리가 흔히 겪는 그러한 의심이 아니다. 왜냐하면 이러한 흔한 의심을 개선하는 것은[2] 방법에 속하지 않고 오히려 완고함(pertinacia)의[3] 탐구 및 완고함의 개선에 속하기 때문이다.

그러므로 의심의 대상인 사물 자체를 통해서는 영혼 안에(in anima)[4]

---

1 (역주) dubitatio는 '의심'으로 번역했지만 필요한 경우에는 문맥에 따라서 '회의'(懷疑)로도 옮겼다.

2 (역주) 개선(emendatio)은 '오류에서 해방되다', '완전하게 하다', '개선하다' 등을 의미하는 emendare의 명사형이다.

3 (역주) 완고함(pertinacia)은 진리 탐구와는 별 상관없는 개인의 습관적 정서에 속하지만, 다분히 부정적인 정서이다.

어떤 의심도 생기지 않는다. 곧, 만일 우리들의 영혼 안에 참답든지 아니면 그릇되든지 간에 오로지 하나의 관념만 있어야 한다면, 의심 또한 확실성(certitudo)도 있을 수 없고 오로지 그와 같은 느낌(sensatio)만 있을 것이다. 왜냐하면 관념은 그 자체로는 결코 그와 같은 느낌 이외의 다른 것이 아니기 때문이다. 그러나 의심은 명석하지도 않고 판명하지도 않은 또 다른 관념에 의해서 생기므로 우리들은 그러한 관념으로부터 사람들이 의심하는 사물에 대한 어떤 확실성을 추론할 수 있다. 곧 우리들을 의심하게끔 하는 관념은 명석판명한 관념(idea clara, et distincta)이 아니다. 예컨대, 만일 어떤 사람이 경험에 의해서건 아니면 어떤 다른 방식에 의해서건 감각의 기만에 대해서(de sensum fallacia) 전혀 숙고하는 일이 없었다면, 그는 태양이 눈에 보이는 것보다 더 큰지 아니면 작은지의 여부에 대해서 결코 의심하지 않았을 것이다. 그러므로 시골 사람들은 태양이 지구보다 훨씬 더 크다는 것을 들으면 대부분 놀란다. 그러나 감각의 기만에 대한 숙고를 통해서 의심이 생긴다.[5] 그리고 만일 어떤 사람이 의심한 다음에 감각의 참다운 인식에 도달하고 또한 사물들이 어떻게 자기들의 수단에 의해서 나타나는지 알게 되면 다시금 의심은 소멸된다.

그러므로 다음의 사실이 따라 나온다. 즉 우리들이 신에 대한 명석판명한 관념을 가지지 못했을 때는 우리들은 가장 확실한 사물들까지도 우리를 잘못 인도하는 어떤 기만적 신의 가능한 현존을 근거로 삼아서 우리들의 참다운 관념들에 대해서 의심할 수 있다. 곧 이러한 사실은

4 (역주) 이 논문 〈지성 개선론〉에서 스피노자는 정신(mens)과 영혼(anima) 또는 마음을 거의 동일한 의미로 사용하고 있다.
5 곧 시골 사람은 감각이 자주 자신을 기만한 사실을 안다. 그러나 그는 그러한 사실을 단지 혼란스럽게만 안다. 왜냐하면 그는 감각이 어떻게 기만하는지 모르기 때문이다.

오직 다음의 경우에만 생길 수 있다. 즉 우리가 삼각형의 본성에 주의하면서 삼각형의 세 각들은 두 직각과 똑같다는 것을 발견할 때 가지는 확신과 똑같이, 모든 사물들의 근원에 대해서 우리들이 가지는 인식에 주의하면서 신이 기만자(기만하는 자)가 아니라고 우리들을 확신시키는 어떤 것도 발견하지 못할 때만 그러한 사실이 생긴다. 그러나 만일 우리가 삼각형에 대해서 가지는 인식(cognotio)과[6] 같은 것을 신의 인식에 대해서도 가진다면 모든 의심은 제거된다. 그리고 그와 같은 최고의 기만자(summus deceptor)가 우리들을 속이는지, 아닌지의 여부를 확실히 알지 못한다고 할지라도 우리가 그와 같은 삼각형의 인식에 도달할 수 있는 것처럼, 비록 우리가 어떤 최고의 기만자가 있는지 확실히 알지 못한다고 할지라도, 그와 같은 신의 인식에(ad talem Dei cognitionem) 도달할 수 있다. 그리고 우리들이 그와 같은 인식을 가지고 있다고 한다면, 내가 말한 것처럼 우리들이 명석판명한 관념에 대해서 가질 수 있는 모든 의심을 충분히 제거할 수 있을 것이다.

　더 나아가서 만일 어떤 사람이, 사물들의 상호 관계에 있어서 무엇이 첫 번째로 탐구되어야 할지를 탐구하면서 올바른 과정을 밟아간다면, 그리고 문제들을 인식하기에 앞서서 그가 문제들을 어떻게 정의하여야 할지를 안다면, 그는 오로지 가장 확실한 관념들만을, 곧 명석판명한 관념들만을 가질 것이다. 왜냐하면 의심은, 만일 어떤 것이 방해받지 않는다면(이 어떤 것을 알지 못하면 그 사물의 인식이 불완전한데) 영혼이 긍정하거나 부정하게 될 어떤 긍정이나 부정에 대한 영혼의 중지(suspensio animi)[7] 일 뿐이다. 그러므로 우리들은 다음처럼 추론할 수

6　(역주) cognotio는 지각, 주의, 지식 등의 뜻도 가지고 있는데 여기에서는 '인식'
　　으로 옮겼다. 여기에서 여러 차례 나오는 '그와 같은 인식'은 사물들의 근원에 대
　　해서 우리가 가지는 인식, 곧 신의 인식을 말한다.

있다. 즉 의심은 항상 우리들이 사물들을 질서 없이(absque ordine) 탐
구하는 데에서 생긴다.

---

7 (역주) suspensio는 정신 활동이 정지되어 결정하지 못하고 있는 상태를 의미한다.

11

⌘

기억과 망각, 제1부의 결론

이것들은 내가 이 방법론의 제1부에서(in hac prima parte Methodi) 다루겠다고 약속했던 것들이다. 그러나 지성의 인식과 지성의 힘들로 진행할 수 있는 것들을 하나도 빠뜨리지 않기 위해서 나는 기억과 망각(memoria, et oblivion)에 대해서 짧게 말할 것이다. 여기에서 중점적으로 고찰하여야 할 것은, 기억이란 지성의 도움을 받아서도, 그리고 또한 지성의 도움 없이도 강화된다는 사실이다. 왜냐하면, 첫 번째 것에 관해서 말하자면, 어떤 사물이 더 많이 이해될수록 그것은 보다 더 쉽게 보존되며, 반대로 어떤 사물이 덜 이해될수록 그것은 보다 더 쉽게 망각되기 때문이다. 예컨대 내가 어떤 사람에게 다수의 연관되지 않은 단어들을 제시한다면, 그는 내가 그에게 똑같은 단어들의 이야기 형태로 제시하는 경우보다 훨씬 더 쉽게 그 단어들을 망각할 것이다.

또한 기억은 지성의 도움 없이, 말하자면 어떤 개별적인 신체인 것에 의해서 상상력 또는 상식이라고 일컬어지는 것을 촉발시키는 힘에 의해서 강화된다. 나는 개별적인 것이라고(singularem) 말한다. 왜냐하면 상상력은 오로지 개별적인 것들에 의해서만 촉발(afficio)되기[1] 때문이다. 예컨대 만일 어떤 사람이 어떤 사랑 이야기를 읽는다면 그는 똑같은 종류의 것들을 많이 읽지 않는 동안에는 그것을 매우 잘 간직할 것이다. 왜냐하면 그 이야기만 그의 상상력 안에 살아 있기 때문이다. 그러나 똑같은 종류의 이야기들을 많이 읽는다면 그 사람은 모든 것들을 함께 상상할 것이고 동시에 그것들은 쉽게 뒤섞일 것이다. 나는 또한 신체적인 것이라고(corpoream) 말한다. 왜냐하면 상상력은 오직 신체들에 의해서만 촉발되기 때문이다. 그러므로 기억은 지성에 의해서 또한 지성 없이도 강화되기 때문에 다음처럼 추론할 수 있다. 즉 기억은 지성과는 다른 것이며, 지성은 그 자체로 본다면 어떤 기억도 그리고 망각도 포함하지 않는다.

그렇다면 기억이란 무엇인가? 기억은 감각의 일정한 지속에[2] 대한 사고와 함께 단지 뇌 안에 있는 인상들의 감각일 뿐이다. 회상(reminiscentia)도 이러한 사실을 증명한다. 왜냐하면 여기에서 영혼은 연속적 지속을 염두에 두지 않고 앞의 감각에 대해서 생각하기 때문이다. 그러므로 그 감각의 관념은 감각의 지속과, 곧 기억 자체(ipsa memoria)와 똑같지 않다. 그러나 관념들 자체가 훼손될 수 있는지의 여부에 대해서 우리들은 나의 〈철학〉에서 알아볼 것이다. 그리고 만일 이것이 어떤 사람에게 매우 부당하게 여겨진다면 다음처럼 생각하는 것이 우리들의 과제에 대해서 충분할 것이다. 즉 앞에서 방금 표현된 예에서[3]

---

1 (역주) afficio는 영향을 미치다, 자극하다, 감동시키다, 촉발하다 등의 뜻을 가지고 있다.
2 그러나 만일 지속이 일정하지 않다면, 우리들이 스스로 또는 자연적으로 배운 것으로 보이는 것처럼, 사물에 대한 기억이 불완전하다. 왜냐하면 어떤 사람이 말하는 것을 보다 더 잘 믿기 위해서 우리들은 언제 그리고 어디에서 그것이 일어났는지를 흔히 묻기 때문이다. 그리고 비록 관념들 역시 정신 안에(in mente) 지속되고 있을지라도, 우리들은 또한 상상력을 포함하는 어떤 운동의 기준의 도움에 의해서 지속을 결정하는 습관이 있기 때문에 오직 순수한 사유(思惟)에만 속하는 기억은 없다.

생기는 것처럼 사물이 개별적일수록 그 사물은 더욱 더 쉽게 보존된다. 더 나아가서 사물의 이해가 가능하면 할수록 그것은 더욱 더 쉽게 보존된다. 따라서 우리들은 가장 개별적이며 가장 충분히 이해할 수 있는 것을 보존하는 데 실패할 수 없다.

이렇게 우리들은 참다운 관념과 여타의 지각들을 구분했으며, 또한 다음의 사실을 증명하였다. 즉 허구적인 관념들, 그릇된 관념들 그리고 여타의 관념들은 상상력에, 곧 어떤 감각들에 자기들의 근원들을 가지고 있다. 이 감각들은 (말하자면) 우연적이고 서로 연관되어 있지 않고, 신체가 꿈꾸거나 깨어 있거나 간에 다양한 운동을 받아들임에 따라서 정신력 자체로부터가 아니라 외적 원인들로부터 생긴다. 또는, 만일 사람들이 원한다면, 상상력(imaginatio)이 단지 지성과 다른 것이고 영혼은 상상력에 대해서 수동적인 관계를 맺고 있을 경우 사람들은 여기에서 자기들의 마음에 드는 것을 상상력으로 이해할 것이다. 왜냐하면 만일 우리들이, 지성이 상상력을 수동적 관계에 있는 임의적인 어떤 것으로 알고 또한 동시에 우리들이 어떻게 지성에 의해서 상상력으로부터 해방될 수 있는지를 알 경우, 사람들이 상상력을 무엇으로 파악하는지는 중요하지 않기 때문이다. 그러므로 내가 여기에서 하나의 물체와 다른 필연적인 것들이 존재한다는 것을 아직 증명하지 못하면서도 상상력과 신체와 신체의 구성에 대해서 말할 경우 아무도 놀라서는 안 된다. 왜냐하면, 이미 말한 것처럼 내가 상상력을 어떤 불확실한 것 등으로 알 경우 내가 상상력으로 이해하는 것은 문젯거리가 되지 않기 때문이다.

그러나 우리들은 다음의 사실을 증명하였다. 즉 참다운 관념은 단순

---

3   (역주) 앞에서 언급한 어떤 사랑 이야기를 말한다.

하거나 또는 단순한 관념들로 구성되어 있으며, 참다운 관념은 어떻게 그리고 왜 어떤 것이 존재하는지 또는 만들어졌는지를 제시하며, 또한 영혼(anima) 안에 있는 자신의 객관적 결과가 대상의 형식 자체의 관계에 따라서 진행된다는 것을 제시한다. 이것은, 내가 아는 한, 고대인들이[4] 우리가 여기에서 행하고 있는 것처럼 영혼을 확실한 법칙에 따라서 활동으로, 곧 일종의 정신적 자동인형(automa spirituale)으로 결코 파악하지 못했다는 것을 제외하고, 참다운 학문은 원인으로부터 결과로 진행한다고 말한 것과 똑같다.

우리들의 탐구의 처음 단계에서 가능했던 것처럼 이러한 증명들로부터 우리들은 우리들의 지성의 지식(notitia nostri intellectus)을 획득했으며, 우리가 더 이상 참다운 관념들을 그릇되거나 허구적인 관념들과 혼동하지 않을까 하는 두려움을 가지지 않을 정도로 참다운 관념의 기준을 얻었다. 우리들은 또한 어떤 식으로도 상상력의 영역에 속하지 않는 것을 왜 이해하는지에 대해서, 그리고 지성에 완전히 반대되는 것들이 왜 상상력 안에 있는지에 대해서, 그리고 마지막으로 지성과 일치하지 않는 다른 것들이 왜 있는지에 대해서 놀라지 않을 것이다. 왜냐하면 우리들은 다음의 사실을 알고 있기 때문이다. 즉 상상력을 산출하는 작용들은 지성의 법칙들과는 매우 다른 또 다른 법칙들에 따라서 만들어지는 것이다. 그리고 영혼은 상상력에 대해서 단지 수동적인 관계만 지니고 있는 것이다.

이러한 사실로부터 또한 다음과 같은 점이 확실하다. 즉 상상력과 오성을 정확하게 구분하지 못한 사람들은 커다란 오류를 범할 수 있다. 그러한 오류에는 예컨대, 연장(extensio 延長)은 어떤 장소에 꼭 있어야

---

4 (역주) 고대인들(veteres)이란 고대 그리스의 아리스토텔레스를 비롯해서 중세 기독교 철학의 아퀴나스등 서양 고중세 철학에 있어서의 철학자들을 가리킨다.

하고 유한해야 하며, 연장의 부분들은 실제로 서로 구분되며, 모든 사물들의 최초의 유일한 근거이고, 다른 시간보다 어떤 특정한 시간에 보다 더 큰 공간을 차지한다는 것, 그리고 이와 유사한 다른 많은 주장들이 속한다. 이 모든 것들은 우리들이 적절한 곳에서 증명하게 될 것인데 완전히 진리에 반대된다.

그리고 다시금 단어들은 상상력의 부분이기 때문에, 곧 신체의 어떤 성향에 따라서 기억 안에서 불확실하게 결합된다. 또한 우리들은 수많은 개념들을 허구화하기 때문에 그러한 점에 크게 주의를 기울이지 않는다면 단어들은 상상력과 마찬가지로 수많은 커다란 오류의 원인이 될 수 있을 것이라는 점은 의심할 여지가 없다.

다음의 사실이 여기에 첨가된다. 즉 단어들은 일상인들의 일시적 기분과 이해력에 따라서(ad libitum, et captum vulgi) 형성된다. 그러므로 그것들은 지성 안에 있는 것이 아니라 상상력 안에 있는 것으로서 오로지 사물들의 상징들(signa rerum)일 뿐이다. 이것은 다음의 사실로부터 분명하다. 즉 사람들은 상상력 안에 있지 않고 오직 지성 안에 있는 모든 것들을, 예컨대 비물질적인, 무한한(incorporalis, infinitus) 등의 말처럼 부정적 명칭으로 흔히 부르며, 또한 실제로 긍정적인 수많은 사물들을 부정적으로 표현하고, 또한 반대로 창조되지 않은, 의존하지 않는, 유한하지 않은, 죽지 않는 등처럼 표현한다. 왜냐하면 우리들은 당연히 긍정적인 것들의 반대되는 것들을 훨씬 더 쉽게 상상하기 때문이다. 그래서 부정적인 단어들은 우선 고대인들에게(primis hominibus)[5] 제시되었다. 그리하여 고대인들은 그 단어들을 긍정적인[6] 말로 사용하

5 (역주) primis hominibus는 '최초의 인간들에게', '초기의 인간들에게'의 의미지만, 여기서 말하는 인간들이란 지성적 사고가 가능한 초기 세대의 인간들이므로 '고대인들에게'로 옮겼다.

였다.

　더 나아가서 우리들은 혼란의 또 다른 커다란 원인을 피하지 않으면 안 되는데, 그 원인은 지성으로 하여금 자신을 반성하지 못하게 한다. 말하자면 우리들은 상상력과 지성을 구분하지 못하기 때문에 우리들이 보다 더 쉽게 상상하는 것이 우리들에게 보다 더 분명하다고 믿으며, 또한 우리가 상상하는 것을 우리들은 이해한다고 믿는다. 따라서 우리들은 뒤에 놓아야 할 것을 앞에 놓음으로써 과정의 참다운 질서는 전도되고 어떤 타당한 추론도 이루어질 수 없다.

6　사물들의 본성이 아니라 단어들의 본성이 우리로 하여금 사물들을 긍정하고 또 부정하게끔 하기 때문에 우리들은 사물들을 긍정하고 또한 부정하며, 우리들이 사물들의 본성을 모르면 우리들은 그릇된 것을 참다운 것으로 쉽게 받아들일 수 있다.

12

방법의 제2부, 이중적 지각

더 나아가서, 드디어 이 방법의 제2부로 오기 위해서[1] 나는 우선 이 방법에 있어서 우리들의 목적을 제시할 것이고 다음으로는 그 목적에 도달하기 위한 수단들을 제시할 것이다. 말하자면 그 목적은 명석판명한 관념들을 가지는 것, 곧 우연적인 신체의 운동들로부터가 아니라 순수한 정신으로부터 생기는 그러한 관념들을 가지는 것이다. 다음으로 모든 관념들이 하나의 관념으로 되돌아가도록 하기 위해서 우리들은, 우리들의 정신이 가능한 한 자연의 전체에서나 부분에서 자연의 형식을 객관적으로 표현하게끔 모든 관념들을 연결시키고 질서 있게 만들려고 노력할 것이다.

첫 번째 것에 관해서 말하자면, 우리가 이미 주의해 본 것처럼 우리들의 궁극적 목적은 어떤 사물이 그 사물 자신의 본질을 통해서만, 아

---

[1] 첫 번째 부분에서 따라 나오는 것처럼 이 부분의 주요 규칙은 우리들 안에서 순수한 지성으로부터 생기는 것으로 우리가 발견하는 모든 관념들을 검토하는 것이다. 그러면 그러한 관념들은 우리들이 상상하는 관념들과 구분될 수 있다. 이와 같은 구분은 각각의 성질로부터, 말하자면 상상력과 지성의 성질로부터 도출되어야만 할 것이다.

니면 그 사물의 가까운 원인을 통해서 파악되기를 요구한다. 곧 만일 어떤 사물이 자신 안에(in se) 존재하거나, 또는 보통 말하는 것처럼 자기 원인(causa sui)이라면 그것은 오로지 자신의 본질에 의해서만 이해되지 않으면 안 될 것이다. 그러나 만일 어떤 사물이 자신 안에 존재하지 않고[2] 현존하기 위해서 원인을 요구한다면 그 사물은 그 자신의 가까운 원인에 의해서 이해되지 않으면 안 된다. 왜냐하면 실제로 결과의 인식은 원인에 대한 완전한 인식에 도달하는 것 이외의 다른 것이 결코 아니기 때문이다.[3]

그러므로 우리들이 사물들의 탐구에 종사하는 동안에는 추상적인 것으로부터 결코 어떤 것을 추론해서도 안 되며, 오직 지성 안에만 있는 것들을 사물 안에 있는 것들과[4] 혼동하지 않도록 매우 조심해야만 할 것이다. 그러나 최선의 결론은 어떤 특수한 긍정적인 본질로부터 또는 참답고 타당한 정의(定義)로부터 도출된다. 왜냐하면 오직 보편적인 공리(公理)들로부터만 출발하면서 지성은 특수한 것들로[5] 내려갈 수 없기 때문이다. 그 이유는 즉, 공리들은 무한히 연장되며, 지성으로 하여금 다른 특수한 것보다 어떤 특수한 것을 고찰하도록 결정하지 않기 때문이다.

따라서 발견의 올바른 길은 주어진 어떤 정의(定義)로부터 사고(思考)를 형성하는 것이다. 그러면 우리들이 어떤 것을 더 잘 정의할수록

---

2 (역주) '그러나 만일 어떤 사물이 자신 안에 존재하지 않고(si vero res non sit in se)'는 '그러나 만일 어떤 사물이 자체로 존재하지 않고'의 뜻이다.

3 여기에서는 다음의 사실이 제시된다는 것을 주의할 것. 즉 제1원인이나 신에 대한 인식을 동시에 훨씬 더 넓히지 않으면 우리들은 자연에 대해서(de Natura) 아무것도 이해할 수 없다.

4 (역주) 현실적인 것들을 가리킨다.

5 (역주) '특수한 것들로'(ad singularia)는 '개별적인 것들로'의 의미를 말한다.

그것은 더욱 더 성공적으로 그리고 쉽게 진행될 것이다. 그러므로 이 방법(Methode)의 2부 전체의 핵심점은 오직 다음과 같은 사실 안에 있다. 즉 훌륭한 정의(定義)의 조건들을 아는 것과 그 조건들이 어떤 식으로 있는지를 발견하는 것이 바로 핵심점이다. 그러므로 나는 제일 먼저 정의의 조건들에 대해서(de conditionibus definitionis) 다룰 것이다.

13

정의(定義)의 조건들

정의(定義)가 완전하게 이야기되기 위해서 우리들은 사물의 가장 내면적인 본질을 설명하지 않으면 안 되며 그러한 본질 대신에 그 사물의 어떤 성질들을 받아들여서는 안 된다. 이것을 설명하기 위해서 나는, 내가 다른 사람들의 오류들을 들추어내려고 하는 것처럼 보이지 않으려고 다른 예들을 생략하고 오로지 어떤 추상적인 것의 예만 택할 것이다. 이것에 있어서, 말하자면 우리들이 원을 어떤 식으로 정의하는지는 그다지 문제되지 않는다. 만일 원이 그 중심으로부터 둘레로 그어진 선들의 동일한 어떤 도형으로 정의된다면, 누구든지 그와 같은 정의는 원의 본질을 거의 설명하지 못하고 단지 원의 어떤 속성(屬性)만을 설명한다는 것을 안다. 그리고 이미 내가 말한 것처럼 도형들과 여타의 이성적 사고(ratio)의 존재자들이 문제일 경우 이것은 그다지 중요하지 않다고 할지라도, 물리적인 그리고 현실적인 존재자들에 대해서 이것은 매우 중요하다. 왜냐하면 우리들이 사물들의 본질을 알지 못하는 한, 사물들의 속성들은 이해되지 않기 때문이다. 그러나 만일 우리들이 이것을 무시한다면, 우리들은 자연의 상호 관계를 재산출해야만 하는

지성의 상호 관계를 전도시키며 따라서 우리들의 목표로부터 전적으로
멀어질 것이다.

그러므로 이러한 오류를 벗어나기 위해서 우리들은 정의에서(in
Definitione) 다음과 같은 것들을 고찰하지 않으면 안 된다.

Ⅰ. 만일 어떤 사물이 창조된 것이라면, 우리들이 말한 것처럼 정의는
그 사물의 가까운 원인(causa proxima)을 포함하지 않으면 안 된다. 예
컨대 원(circulus)은 이 법칙에 따라서 다음처럼 정의되지 않으면 안 될
것이다. 즉 원이란 한쪽 끝은 고정되어 있고 다른 한쪽 끝은 운동하는
선(線)에 의해서 기술(記述)되는 도형이고, 이러한 정의는 분명히 가까
운 원인을 포함한다.

Ⅱ. 사물이 그 자체로 고찰되고 다른 사물들과 결합되어 고찰되지 않
을 때 사물의 개념이나 정의는, 사물의 모든 속성들이 원의 이와 같은
정의에서 알 수 있는 것처럼 그 사물로부터 도출될 수 있을 정도가 되
지 않으면 안 된다. 왜냐하면 우리들은 그러한 정의로부터 중심에서 둘
레로 나온 모든 선들은 똑같다고 추론하기 때문이다.

두 번째 요구를 증명하는 데와 이 두 번째 요구에 따라서 모든 정의
는 긍정적이지 않으면 안 된다는 것을 제시하는 데에 시간을 소비하는
것이 가치 있는 것으로 여겨지지 않는다는 사실에 주의를 기울이는 사
람에게는 앞의 사실이 정의의 필연적 요구라는 점이 자명하다. 나는 지
성적 긍정에 대해서 이야기하며 단어들의 긍정에 대해서는 거의 관심
이 없다. 단어들의 긍정은 비록 긍정적인 것으로 이해된다고 할지라도
아마도 단어들의 결함으로 인해서 때로는 부정적으로 표현될 수 있을
것이다.

그러나 창조되지 않은 것들의 정의에 대한 요구들은 다음과 같다.

1) 정의는 모든 원인을 배제하여야 한다. 곧 사물은 자신을 설명하기

위해서 자기 자신의 존재 이외의 다른 어떤 것도(nullo alio praeter su-um esse) 필요로 하지 않는다.

2) 일단 사물에 대한 정의가 내려지면, 그 사물이 과연 존재하는지의 여부에 대한 물음의 여지가 남아 있어서는 안 된다.

3) 정신(mens)과 연관해서 정의는 형용사 형태로 제시될 수 있는 어떤 명사(名辭)도 포함해서는 안 된다. 곧 정의는 추상명사에 의해서 설명되어서는 안 된다.

4) 그리고 마지막으로(이러한 사실을 고찰하기 위해서 특히 필요하지는 않다고 할지라도) 사물의 모든 속성(屬性)들은 그 사물의 정의로부터 추론되어야 한다는 것이 요구된다. 이 모든 것들은 주의를 기울이는 사람들에게는 명확하게 드러난다.

나는 또 다음처럼 말했다. 즉 어떤 특수한[1] 긍정적 본질로부터 관념을 도출해 내는 것이 최선의 추론이다. 왜냐하면 어떤 관념이 더욱 더 개별적일수록 그 관념은 보다 더 판명(判明)하며 따라서 더욱 더 명백하기 때문이다. 그러므로 개별적인 사물들에 대한 인식은 우리들의 가장 중요한 과제이다.

---

1 (역주) 보편에 대립되는 개념으로는 특수와 개별 두 가지를 똑같이 사용할 수 있다.

14

영원한 것들을 인식하게
해 주는 수단들

그러나 질서와 연관해서 그리고 우리들의 모든 지각들을 질서 있게 하고 종합하기 위해서 다음과 같은 사실이 요구된다. 즉 가능한 한 빨리 그리고 이성(ratio)이 요청하는 한, 우리들은 어떤 존재자(ens)가 있는지, 동시에 어떤 종류의 존재자가 있는지, 이 존재자가 모든 사물들의 원인이어서 이 존재자의 객관적 본질 또한 우리들의 모든 관념들의 원인인지를 물어야만 할 것이다. 그러면 우리들의 정신(mens)은, 이미 우리가 말한 것처럼 가능한 한 완전하게 자연(Natura)을 재산출할 것이다. 왜냐하면 정신은 자연의 본질과 질서와 통일을 객관적으로 포함할 것이기 때문이다. 이로부터 우리들은 다음의 사실을 알 수 있다. 곧 언제나 우리들의 모든 관념들을 자연적 사물로부터 또는 현실적 존재자들로부터(a rebus physicis, sive ab entibus realibus)[1] 도출해 내기

---

1 (역주) 현대적 의미의 물리학의 시초는 뉴턴의 〈원리〉(principia)가 나온 1687년으로 알려지고 있다. 스피노자 시대에는 physica가 여전히 개별 자연과학들을 모두 포괄하는 '자연학'으로 이해되고 있었으므로 아직 개별 과학으로서의 물리학이 성립하지 않았다.

위해서 가능한 한 다음처럼 진행하는 것이 특히 우리들에게 필요하다. 어떤 현실적 사물로부터 또 다른 현실적 사물로 원인들의 순서를 따라 진행하면서 추상적인 것들과 보편적인 것들로 넘어가지 않고 그것들로 부터[2] 어떤 현실적인 것을 추론하지 않으며 또한 그것들을 어떤 현실적인 것들로부터 추론하지 않으면서 진행하는 것이 필요하다. 왜냐하면 두 가지 경우에서 모두 지성의 참다운 과정이 방해받기 때문이다.

  그러나 다음의 사실을 주의해야만 한다. 즉 내가 여기에서 의미하는 원인들과 현실적 사물들의 순서는 변할 수 있는 개별적 사물들의 순서가 아니고 오직 고정된 영원한 사물들의 순서일 뿐이다. 왜냐하면 변할 수 있는 개별적 사물들의 연속에 도달하는 것은, 개별적 사물들이 무수할 뿐만 아니라 하나의 똑같은 사물에 영향을 미치는 무수한 요인들로 인해서, 인간이 허약하여 불가능하기 때문이다. 무수한 요인들의 각각은 현존하는 사물이나 또는 현존하지 않는 것의 원인이 될 수 있다. 왜냐하면 변할 수 있는 개별적 사물들의 현존재(existentia)는 사물들의 본질과 아무런 관계도 없거나 아니면(이미 우리들이 말한 것처럼) 영원한 진리가 아니기 때문이다.

  그렇지만 우리들이 개별적 사물들의 순서를 이해하는 것 또한 전혀 필요하지 않다. 그러한 한에 있어서 변할 수 있는 개별적 사물들의 본질들은 그 사물들의 순서로부터 또는 그 사물들의 현존재의 질서로부터 도출되어서는 안 된다. 왜냐하면 그것은 우리들에게 그 사물들의 외적 특징, 관계들 또는 기껏해야 상태들 이외의 어떤 것도 우리에게 제공하지 않기 때문이다. 이 모든 것들은[3] 사물들의 가장 내면적인 본질로부터 멀리 떨어져 있다. 그러나 이러한 본질은 고정되고 영원한 것들

---

2 (역주) 추상적인 것들과 보편적인 것들을 가리킨다.
3 (역주) 이 모든 것들은 사물들의 외적 특징, 관계들, 상태들을 뜻한다.

에서 찾아야 하며 동시에 영원한 것들의 참다운 부호로서 영원한 것들 안에 새겨진 것들에서 찾아져야 한다. 그 부호[4]에 따라서 모든 개별적인 것들이 생기며 질서를 잡게 된다. 참으로 이 변화 가능한 개별적인 것들은 내면적으로 그리고 본질적으로 매우(내가 그렇게 표현하는데) 고정된 것들에 의존하므로 개별적인 것들은 고정된 것들이 없으면 존재할 수도 없고 파악될 수도 없다.[5] 그러므로 이 고정되고 영원한 것들이 비록 개별적이라고 할지라도 그것들은 어디에나 존재하고 가장 멀리까지 미치는 힘이 있으므로 우리들에게 보편(universalia) 내지 변화 가능한 개별적 사물들을 정의하는 유(genera, 類) 그리고 모든 사물들의 가장 가까운 원인들과 같은 것들이 될 것이다.

그러나 사정이 이렇기 때문에 이와 같은 개별성의 인식에 도달하는 데는 작지 않은 어려움이 있는 것처럼 여겨진다. 왜냐하면 모든 것을 한꺼번에 파악한다는 것은 인간의 지성의 힘을 훨씬 뛰어넘는 일이기 때문이다. 그러나 우리들이 말한 것과 같이, 어떤 것이 다른 것에 앞서서 이해되는 것과 같은 질서는 사물들이 현존하는 순서 안에 있는 사물들의 위치로부터 찾아서는 안 되고 또한 영원한 것들로부터 찾아서도 안 된다. 왜냐하면 후자의 경우에는 이 모든 것들이 자연적으로 동시적이기 때문이다. 그러므로 우리들은, 영원한 것들과 그것들의 법칙의 이해를 위해서 우리들이 사용하는 수단 이외에도 또 다른 보조 수단들을 필연적으로 찾지 않으면 안 된다. 그렇지만 지금은 그러한 보조 수단을 제시할 만한 적절한 때가 아니며, 우리들이 영원한 것들과 그것들의 확

---

4 (역주) 스피노자가 여기에서 말하는 부호란 그의 성숙한 철학적 입장에서 볼 때 신(자연)의 영원한 법칙을 일컫는다.

5 (역주) 스피노자에게 있어서 실체는 신(자연)이다. 실체는 양태와 속성을 가지고 있다. 말하자면 우주 만물의 형태들(양태들)과 성질들(속성들)은 신(자연)으로서의 실체 및 실체의 법칙에 의존한다.

고한 법칙에 대한 충분한 인식에 도달하기 전까지 그리고 우리들의 각각의 본성이 우리들에게 알려지기 전까지는 그러한 보조 수단을 제시할 필요가 없다.

개별적 사물들에 대한 인식의 탐구를 착수하기에 앞서서 다음과 같은 보조 수단들을 다루는 것이 시기에 적절하다. 즉 모든 보조 수단은 확실한 법칙과 질서 아래에서 우리들의 감각을 어떻게 사용하고 어떻게 실험을 수행할지를 아는 데 있어서 우리들을 도와주는 것에 기여할 것이다. 확실한 법칙과 질서는 우리들의 탐구 대상인 사물을 결정하기에 충분할 것이다. 그리하여 우리들은 이것들로부터 결국 영원한 것들의 어떤 법칙에 따라서 그 사물이 만들어졌으며, 내가 적절한 곳에서 밝히게 되겠지만, 또한 그 사물의 가장 내면적인 본성이 우리들에게 알려지는지를 추론할 수 있다. 여기에서 우리들의 과제로 되돌아가기 위해서, 영원한 것들의 인식에 도달할 수 있기 위해서, 그리고 앞에서 주어진 조건들에 따라서 영원한 것들의 정의(定義)를 형성하기 위해서 나는 필요한 것으로 여겨지는 것이 무엇인지를 제시하려고 애쓸 것이다.

이러한 목적에 도달하기 위해서 우리들은 앞에서 언급한, 말하자면 다음의 사실을 기억하지 않으면 안 된다. 즉 정신이 어떤 사고(思考)를 검토하고, 그러한 사고로부터 올바른 질서에 따라서 타당하게 도출될 수 있는 것을 연역하기 위해서 어떤 사고에 주의를 기울일 때 그 사고가 그릇될 것 같으면 정신은 사고의 오류를 발견할 것이다. 그러나 만일 사고가 참답다면 정신은 사고로부터 진리들을 도출해 내기 위해서 방해받지 않고 효과적으로 진행할 것이다. 내가 말하건대 이것이 우리들의 목적에 필요한 것이다. 왜냐하면 우리들의 사고는 결코 다른 토대 위에서는 결정될 수 없기 때문이다.

그러므로 만일 우리들이 모든 것들 중에서 첫 번째 존재자를 탐구하

고자 한다면 우리들의 사고를 그것으로 향하게 할 수 있는 어떤 기초가
반드시 존재하지 않으면 안 된다. 다음으로 방법(Methodus)은 반성적
인식 자체(ipsa cognitio reflexiva)이기[6] 때문에 우리들의 사고의 방향
을 정하지 않으면 안 되는 이러한 기초는 진리의 형태를 규정하는 것에
대한 인식 그리고 지성의 인식과 지성의 속성 및 힘에 대한 인식 이외
의 다른 것일 수 없다. 왜냐하면 일단 이러한 것에 도달하면 우리들은,
우리들의 사고를 도출할 수 있으며, 지성의 파악력이 허용하는 한, 물
론 지성 자신의 힘을 고려하여 지성을 영원한 것들의 인식에 도달할 수
있게 해 주는 길을 도출해 낼 수 있는 기초를 가지게 될 것이기 때문이
다.

---

6 (역주) cognitio는 인식, 또는 인지를 뜻한다.

15

지성의 힘과 성질

그러나 만일, 이미 첫 번째 부분에서 증명한 것처럼, 참다운 관념들을 형성하는 것이 사고의 본성에 속한다면, 여기에서 우리들은 우리가 이해하는 지성의 힘과 능력이 무엇인지 탐구하지 않으면 안 된다. 그러나 우리들의 방법의 주요 부분은 지성의 힘과 본성을 가장 잘 이해하는 것이기 때문에 우리들은 필연적으로(방법의 이 두 번째 부분에서 우리들이 제시한 것을 통해서) 지성의 힘과 본성을 사고와 지성의 정의 자체로부터 도출하게 되어 있다.

그러나 우리들은 지금까지 정의(定義)들을 발견하기 위한 어떤 규칙도[1] 가지지 못하였다. 그리고 우리들이 지성의 본성이나 정의와 지성의 능력을 알지 못하면 그러한 규칙을 다룰 수 없기 때문에 다음의 사실이 따라 나온다. 즉 지성의 정의는 자명하거나 아니면 우리들은 아무것도 이해할 수 없다. 그렇지만 그와 같은 정의는 절대적으로 명백하지 않다. 그럼에도 불구하고 지성의 속성(屬性)들은, 우리들이 지성으로부터

---

1 (역주) 규칙(regula)은 규범, 척도, 기준 등의 의미도 가지고 있다.

가지는 모든 것들처럼 그 속성들의 본성이 알려지기만 한다면, 명석판 명하게 지각될 수 있기 때문에 만일 우리들이 명석판명하게 이해하는 지성의 속성들에 주의를 기울인다면 지성의 정의(definitio intellectus) 는 자명하게 될 것이다. 그러므로 여기에서 지성의 속성들을 열거하고, 숙고해 보고 또한 우리들의 내재적인 도구들에[2] 대해서도 논의를 시작해 보기로 하자.

내가 주로 주목하고 명백하게 이해하는 지성의 속성들은 다음과 같다.

1. 지성은 확실성을 포함한다. 곧 지성은 사물들이 지성 자체 안에 객관적으로 포함되어 있는 것과 마찬가지로 형식적이라는 것을 안다.

2. 지성은 어떤 것들을 지각하거나 어떤 관념들을 독자적으로(abso-lute)[3] 형성하거나 또는 다른 관념들로부터 어떤 관념들을 형성한다. 말하자면 지성은 양의 관념(quantitatis idea)을 형성하며 다른 사고(思考)에는 주의를 기울이지 않는다. 그러나 지성은 오로지 양의 관념에 주의를 기울임으로써 운동의 관념들을 형성한다.

3. 지성이 독자적으로 형성하는 관념들은 무한성을 표현한다. 그러나 지성은 제한된 관념들(determinatas)을 다른 관념들로부터 형성한다. 왜냐하면, 만일 지성이 어떤 원인을 통해서 양의 관념을 자각한다면 지성은 그 관념을 양의 관념을 통해서 규정하기 때문이다. 이는 마치 지성이, 신체는 평면의 운동으로부터 형성되고, 평면은 선(線)의 운동으로부터 형성되며, 선은 점의 운동으로부터 형성된다고 지각할 때와 같다. 이러한 지각들은 양(量)의 이해에는 기여하지 않고 오직 양의

---

2 이 논문의 '6절, 지성의 도구들, 곧 참다운 관념들'을 볼 것.

3 (역주) 여기에서 absolute는 '완전히', '무조건적', '자신 안에 갇혀서' 등의 의미를 가지고 있는데, 역자는 '독자적으로'라고 옮겼다.

규정에만 기여한다. 이것은 다음의 사실에서 명백하다. 즉 양이 지각되지 않으면 운동이 지각되지 않는 데 반해 우리들은 사실상 이 양들을 운동에서 생긴 것으로 파악한다. 그리고 또한 우리들은 무한한 길이를 가진 선을 형성하기 위해서 운동을 연장시킬 수 있는데, 우리들이 무한한 양의 관념을 가지지 않고서는 그렇게 할 수 없을 것이다.

4. 지성은 부정적 관념들보다 긍정적 관념들을 먼저 형성한다.

5. 지성은 어떤 영원한 형태 아래에서처럼 그리고 무한한 수 아래에서와 마찬가지로 지속 아래에서(sub duratione) 사물들을 지각하지 않는다. 아니면 오히려 사물들의 지각에 있어서 지성은 수(數)에도 그리고 지속에도 주의를 기울이지 않는다. 그러나 지성이 사물들을 상상할 때, 사물들을 일정한 지속과 양(量)을 가진 어떤 수 아래에서 지각한다.

6. 우리들이 형성하는 명석판명한 관념들은 절대적으로 오직 우리들의 능력에만 의존하는 식으로 단지 우리 본성의 필연성으로부터만 도출되는 것으로 여겨진다. 그러나 혼란스러운 관념들의 경우는 이와 반대이다. 왜냐하면 혼란스러운 관념들은 흔히 우리의 의지와 반대로 형성되기 때문이다.

7. 정신(mens)은 지성이 다른 관념들로부터 형성하는 사물들의 관념들을 여러 가지 방식으로 규정할 수 있다. 예컨대 타원의 면(面)을 규정하기 위해서 정신은 다음처럼 가정한다. 즉 끈에 부착되어 있는 연필은 두 중심들 주위를 움직이거나 아니면 언제나 주어진 직선에 대해서 동일한 고정된 관계를 유지하면서 무수한 수의 점들을 포함하거나 또는 사면(斜面)으로 절단된 원뿔을 포함하므로 경사각(傾斜角)은 원뿔의 정점에서의 각보다 더 크다. 아니면 또 다른 무한한 방식들이 있다.

8. 관념들은 그것들이 어떤 대상의 완전성을 많이 표현할수록 한층

더 완전하다. 왜냐하면 우리들은 예배당을 고안하는 장인(匠人)을 웅장한 신전을 고안하는 장인처럼 존경하지 않기 때문이다.

9. 사랑(amor), 기쁨(laetitia) 등과 같이 생각(cogitatio)에 속하는 나머지 것들에 나는 결코 남아 있지 않겠다. 왜냐하면 그것들은 우리들의 현재 의도와 아무 상관이 없으며, 우리들이 지성을 지각하지 않으면 파악될 수도 없기 때문이다. 그 이유는 즉, 만일 지각이 모두 제거되면 이 나머지 것들도 모두 소멸되기 때문이다.

그릇된 그리고 허구적인 관념들은 그것들을 그릇되거나 허구적이라고 부르는 아무런 긍정적인 것도 (우리들이 충분히 제시한 것처럼) 가지고 있지 않다. 그러나 그것들은 단지 인식의 결여로 인하여 그러한 것들로 고찰된다. 그러므로 그릇되고 허구적인 관념들은 우리들에게 사고의 본질(essentia cogitationis)에 대해서 아무것도 가르칠 수 없다. 그러나 사고의 본질은 앞에서 방금 표현한 긍정적인 속성들로부터 얻어지지 않으면 안 된다. 곧 우리들은 어떤 공통적인 것을 확립하지 않으면 안 되는데, 그것에서 이 긍정적인 속성들이 필연적으로 도출되거나 또는 그 공통적인 것의 확립에 의해서 긍정적 속성들이 필연적으로 생기며 그 공통적인 것의 제거에 의해서 긍정적인 속성들이 모두 소멸된다.

(나머지 부분은 빠져 있다.)

스피노자 연보

1600(?) 에스피노자(Espinosa) 가족이 포르투갈로부터 낭뜨를 거쳐 암스테르담으로 이주함.

1628 데카르트가 네덜란드로 이민함.

1632 11월 24일. 스피노자(Baruch d' Espinosa)가 암스테르담에서 출생함.

1633 갈릴레오가 교황에 의하여 파문당하고 가택 연금에 처해짐. 이런 상황에서 데카르트는 「세계」(Le Monde)를 출판하지 않기로 결정하였다.

1638~ 암스테르담에 포르투갈 유대인 공동체(Synagoge) 설립. 스피노자는 히브리학교에 등록하였다.

1646 스피노자가 다닌 학교는 에츠 하임(Ets Haim)이었다.

1646~1649 스피노자는 랍비 모르테이라(Morteira)의 예쉬바(Jeschiwa)에 다니면서 학업을 계속하였다.

1641 데카르트의 「제1철학에 대한 성찰」(Meditationes de Prima Philosophia) 출판.

1642 홉스의 「시민론」(De Cive) 출판.

1644 데카르트의 「철학의 원리」(Principia Philosophiae) 출판.

1650 2월 11일 데카르트 사망.

1649~1653 스피노자는 아버지의 사업을 도우면서 독학으로 라틴어, 자연철학, 수학 등을 공부함. 사업 관계상 자유 상인들과 교제하면서 사상적 독립의 단초를 마련함.

1654 데카르트 전문가인 프란치스쿠스 반 덴 엔덴 박사(Dr. Franciscus van den Enden)와 교제함.

1656 1654년 스피노자의 부친이 죽은 후 스피노자는 자유정신으로 인해서 유대인 공동체로부터 파문당함. 반 덴 엔덴의 라틴어 학교에 들어가서 반 덴 엔덴에게서 고전문학, 철학, 데카르트 철학, 정치학 등을 배움. 렌즈(안경알) 연마 기술을 습득함.

1657~ 스피노자는 자신의 고유한 사상 체계를 발전시키기 시작하였다.

1660 스피노자의 주변에는 젊은 학자들이 항상 학문적 교류를 가지고 있었으며 그들은 P. Balling, S. J. de Vries, Jarig Jelles, Jan Rieuwertsz, Koerbagh 형제, Dr. Lodewijk Meyer(스피노자 사후 스피노자의 유고집을 포함해서 전집을 출판하는 데 중심 역할을 하였음), Dr. Joh. Bouwmeester이다.

1658 스피노자는 「지성 개선론」(Tractatus de Intellectus Emendatione)을 집필하기 시작하였으나 미완성으로 남겨 둠.

1660 스피노자는 초기의 두 번째 논문 「신과 인간과 인간의 행복에 대한 짧은 논문」(Tractatus brevis de deo et homine eiusque valetudine)을 집필했으나 역시 미완성으로 남음.

1661 스피노자는 1660년 암스테르담을 떠나 린스버그로 이주하여 동료 학자들과 교류함. 영국의 화학자 Robert Boyle, 런던 왕립학회 회원인 Heinrich Oldenburg와 교류함.

1662 「에티카」(Ethica) 제1부 집필 완성. 「기하학적으로 증명된 데카르트의 철학의 원리와 형이상학적 사유」(Renati Des Cartes Principia Philosophiae more geometrico demonstrat & Cogitata Metaphysica)를 집필함.

1663　스피노자는 Voorburg에 머물면서 「기하학적으로 증명된 데카르트의 철학의 원리와 형이상학적 사유」를 출판하였다. 몇 달 후 스피노자의 친구 마이어(Meyer)는 이 책을 편집하고 머리말을 직접 써 넣어 다시 출판하였다. 마이어는 라이덴 대학에서 철학을 배웠으며 의대를 졸업하여 의사가 되었다.

1668~　스피노자의 동료인 쾨르박(Adriaan Koerbagh)이 교회의 권위에 의해 파문당하고 투옥되어 감옥에서 사망함.

1669　스피노자는 이미 1665년 폐결핵에 걸려서 투병 생활을 시작했고 1669년에는 Den Haag로 이주하여 죽을 때까지 그곳에 머물렀다.

1670　스피노자는 익명으로 「신학-정치론」(Tractatus Theologico-Politicus)을 출판하였으나 교회의 박해와 파문이 뒤따랐다. 파스칼의 「팡세」(Pensées)가 유작으로 출판.

1672　교회와 정부의 박해에도 불구하고 다수의 지식인들이 스피노자를 방문함.

1673　네덜란드 정부는 공식적으로 「신학-정치론」을 파문하고 홉스의 저술들 역시 이단적이며 무신론적이라 하여 파문함. 말브랑쉬의 「진리 탐구」(Recherche de la Vérité)도 스피노자 사상의 영향을 받았다고 비난당함. 독일 하이델베르크 대학의 철학 교수직 제안을 스피노자는 정중히 거절함. 또한 프랑스의 루이 14세에게 스피노자가 직접 저서를 헌정하면 프랑스의 연금을 주겠다는 제의도 거절함.

1675　「에티카」 완성. 그러나 출판 가능성이 없어서 출판을 보류함. 「정치학 논고」(Tractatus Politicus)를 집필하기 시작했으나 폐결핵으로 투병하다가 죽게 되어 미완성으로 남음.

1676　라이프니츠가 Haag의 스피노자를 방문. 두 사람은 실체 문제에 대해서 논의함. 스피노자는 히브리 문법, 무지개에 관해서 집필함. 건강 상태가 극도

로 악화됨.

1677 2월 21일 스피노자 사망. 마이어를 비롯한 친구들이 스피노자의 저술들을
     편집하여 「유고 전집」(Opera Posthuma)을 출판했으나 정부와 칼빈 주의
     자들에 의해서 바로 이듬해 파문당함.

해설

서양 사상, 문명 및 문화의 특징을 한마디로 말하라면 그것은 절대성과 완전성이라고 할 수 있을 것이다. 현재는 항상 과거와 미래를 끌고 흘러가기 마련이다. 고대 그리스 철학자들인 플라톤과 아리스토텔레스의 전통에 따라서 거의 완전한 인식능력인 이성(logos)의 소유자 인간은 고대로부터 지금에 이르기까지 완전한 삶과 현실을 실현하고 누릴 수 있다고 확신해 왔다. 뿐만 아니라 서양의 사상, 문명, 문화는 오랜 시간에 걸쳐서 절대적 선의 존재와 그것의 실현을 다져 왔다. 절대적으로 선한 실천적 삶의 토대를 제시한 것은 어디까지나 기독교의 신앙(fides)이다.

기독교 신앙의 절대성과 고대 그리스 철학의 완전성, 다시 말해서 신앙과 이성의 융합이 이루어지기 위해서는 천 년 이상의 중세와 르네상스 그리고 근대라는 시대 상황과 아울러 그 안에 깃들어 있는 철학이 커다란 역할을 행하였다. 예컨대 아우구스티누스, 토마스 아퀴나스 등은 신앙과 이성을 조화시키려고 노력하였으며 그러한 노력의 절정은 쿠자누스, 파라켈수스, 브루노 등 르네상스 철학자들에게서 나타난다.

17세기 영국 경험론(베이컨, 홉스, 로크, 흄 등)과 대륙 합리론(데카르트, 스피노자, 라이프니츠)이 비록 신앙은 신학에 넘겨 버리고 오로지 마음(mind) 내지 영혼(anima)에 의해서 자연과 인간을 탐구한다고 할지라도 두 경향의 근세철학은 이성의 완전성 이외에 여전히 이성의 절대성을 암암리에 신앙으로부터 물려받고 있었다.

　물론 영국 경험론이 대륙의 합리론처럼 완전하고 절대적인 보편적 진리와 선을 주장하지는 않았다고 할지라도, 가능한 한 완전하고 절대적인 보편적 진리와 선을 추구하고 주장한 것은 사실이다. 경험론이나 합리론이나 모두 수학과 물리학을 학문의 전형으로 내세운 것만 보아도 근세철학은 일반적으로 인간의 이성(또는 마음)에 대한 확고부동한 신뢰를 가지고 있었다는 것을 잘 알 수 있다.

　스피노자의「지성 개선론」(Tractatus de Intellectus Emendatione)의 원래 제목은「지성의 개선에 대한 그리고 사물들에 대한 참다운 인식으로 지성을 가장 잘 인도하는 길에 대한 논문」(Tractatus de intellectus emendatione et de via, qua optime in veram rerum cogitionem dirigitur)이다. 역자가 보기에 오늘날 유럽의 대학에서 새내기들이 철학 공부를 위해서 공식적으로 제일 처음 읽는 철학 개론서들을 대표하는 것들로는 데카르트의「방법론」(Discours de la Méthode), 라이프니츠의「단자론」(Monadologie) 그리고 스피노자의「지성 개선론」등을 들 수 있다. 스피노자는 청소년기에 데카르트 철학 전문가인 Van den Enden에게서 데카르트 철학을 배울 기회가 있었고, 이미 이십 대 중반에 데카르트주의자였다.

　스피노자의 독자적인 철학 체계가 온전히 제시되고 있는 저술은「에티카」이다. 에티카는 말 그대로는 윤리학(Ethica)이지만 스피노자의「에티카」는 인식론, 형이상학, 심리철학, 윤리학 등 철학의 핵심 문제

점들을 모두 포함하고 있는 말 그대로 스피노자의 고유한 철학 체계에 대한 저술이다. 「지성 개선론」을 포함하여 스피노자의 초기 저술에 속하는 「신과 인간과 인간의 행복에 대한 짧은 논문」(Tractatus brevis de Deo et Homines eiusque Valetudine)은 두 가지 모두 「에티카」를 위한 준비 저술에 해당한다.

스피노자는 「에티카」의 저술 형태마저 '기하학적 질서에 따라서' 표현하고자 했으며 「에티카」를 통해서 문제를 제기하고 답하고자 한 핵심 주제들은 신, 정신, 지성, 정서, 자유 등이다. 1662년 스피노자는 「에티카」의 1부를 완성하였고, 이때부터 틈틈이 시간이 날 때마다 집필하여 1675년 「에티카」를 완성했으나 사회의 보수적인 정치, 종교적 상황으로 인해서 출판할 수 없었다. 그가 죽은 후 동료들은 그의 저술들을 편집하여 전집으로 출판했으나 다음 해에 정부와 교회로부터 파문당하고 금서로 지정되었다. 「지성 개선론」과 「신과 인간과 인간의 행복에 대한 짧은 논문」의 목차와 내용만 보아도 초기의 두 저서가 「에티카」의 기초라는 사실이 확연히 드러난다.

스피노자의 「지성 개선론」은 데카르트의 「방법론」과 자주 대비된다. 「방법론」의 원래 제목은 「자기 자신의 이성을 잘 인도하여 학문에서 진리를 탐구하기 위한 방법론」(Discours de la Méthode pour conduire sa raison & chercher la vérité dan les sciences)이다. 데카르트의 「방법론」은 1636년에 출판되었고 스피노자는 1658년 「지성 개선론」을 집필하였다. 두 논문은 모두 자전적 저술이며 추상적 건조체로 기술되지 않고 지극히 개인적인 입장에서 친한 친구와 담론하듯 '학문하기' 내지 '철학하기'의 기초를 끌어내고 있다.

데카르트의 「방법론」은 데카르트가 이십 대 초반부터 삼십 대 초반까지 십 년간 유럽 전역을 두루 여행하며 수많은 학자들과 교류하고,

많은 양의 독서를 하여 사색한 결과를 쏟아 놓은 소위 '성숙한 철학개론'으로서 인식론, 형이상학, 윤리학 등의 기반을 제시하고 있다. 그런가 하면 스피노자의 「지성 개선론」은 26세의 스피노자가 아직 데카르트의 영향을 벗어나지 못했지만 자기 자신의 독자적인 철학 체계를 형성하기 위해서 노력하는 모습을 여실히 보여 주는 역작이다. 「지성 개선론」은 지성(intellectus)이나 영혼(anima) 또는 정신(mens)의 알맹이인 이성(ratio)을 충분히 사용함으로써 지성을 갈고 닦아서 윤리학적 · 인식론적 진리를 파악하기 위한 목표와 방법을 명백하게 제시하고 있다.

「지성 개선론」의 '차례 1.대부분의 사람들이 바라는 선 2.최선의 그리고 최고의 진리'만 보아도 스피노자가 윤리학과 인식론의 문제에 가장 큰 초점을 맞추고 있음을 알 수 있다. 스피노자는 네 종류의 인식이 있다고 보는데 그것들은 ① 상상(imaginatio), ② 감각(sensatio), ③ 연역적 이성(ratio deductiva), ④ 직관적 이성(ratio intuitiva)이다. 그가 인식능력을 이렇게 구분하는 것은 자연 지식을 획득할 수 있는 과학적 이성의 의미와 가치를 제시하기 위한 목적이 있기 때문이다.

스피노자는 「지성 개선론」의 1절부터 7절까지 올바른 인식 방법을 제시하려고 애썼고, 8절부터 11절까지는 '방법의 제1부'라는 소제목을 달고 허구적인, 그릇된, 의심스러운 관념들이 어떤 것이며 어떻게 제거할 수 있는지를 살펴본다. 12절부터 15절까지는 '방법의 제2부'라는 제목을 달고 정의(definitio)가 조건들을 충족시켜야만 영원한 것들을 인식할 수 있다고 한다.

스피노자가 「지성 개선론」에서 제시한 '철학하기'의 기초는 그 다음 논문 「신과 인간과 인간의 행복에 대한 짧은 논문」을 거쳐서 「에티카」의 웅장하고 치밀한 철학 체계의 발판을 마련하고 있다. 스피노자는 자신의 철학 체계를 실천의 측면에 적용하여 「신학-정치론」(Tractatus Theologico-Politicus, 1670)을 익명으로 출판했고, 「정치학 논고」 (Tractatus Politicus, 1675)를 집필했으나 이것은 그의 생전에 출판되지 못하였다. 그의 생전에 그의 이름으로 출판된 유일한 저서는 「데카르트의 철학의 원리와 형이상학적 사고」(Renati Des Cartes Principia Philosophiae more geometrico demonstrata & Cogitata Metaphysica, 1663)였다.

　　스피노자의 「에티카」나 「신학-정치론」 또는 「정치학 논고」를 읽으려는 독자, 또는 이미 읽은 독자는 필히 「지성 개선론」과 아울러 「신과 인간과 인간의 행복에 대한 짧은 논문」을 인내심을 가지고 읽기를 권한다. 스피노자는 「에티카」의 마지막을 다음과 같이 마무리하고 있다. "그러나 모든 가치 있는 것들은 드물고도 힘들다(Sed omnia praeclara tam difficilia, quam rara sunt.)"

2015년 늦은 봄
옮긴이 강영계

찾아보기

옮긴이에 대하여

강영계는 현재 건국대학교 철학과 명예교수이며 중국 서북대학교 객좌교수이고 독일 프라이부르크대학교, 프랑스 스트라스부르대학교에서 교환교수를 지냈다. 서울대학교 철학과를 졸업하고 독일 뷔르츠부르크대학교에서 철학박사 학위를 받았다.

지은 책으로는 …
Prinzip und Methode in der Philosophie Wonhyos(Amsterdam, 1981), *Der Weg zur Meditation*(Würzburg, 1981), 『태초에 말씀이 계시니라』(1981), 『베르그송의 삶의 철학』(1982), 『철학에 이르는 길』(1984), 『기독교 신비주의 철학』(1986), 『철학의 발견』(1966), 『사회철학의 문제들』(1992), 『니체, 해체의 모험』(1985), 『철학이야기』(2000), 『정신분석이야기』(2002), 『청소년을 위한 철학이야기』 (2003), 『니체와 정신분석학』(2004), 『헤겔, 절대정신과 변증법 비판』(2005), 『강영계 교수의 프로이트 정신분석학 이야기』(2007), 『마르크스, 니체, 프로이트 철학의 끌림』(2008), 『강영계 교수의 사랑학 강의』(2008), 『청소년을 위한 철학 에세이』(2009), 『행복학 강의』(2010), 『청소년을 위한 정의론』(2011), 『청소년을 위한 가치관 에세이』(2012), 『죽음학 강의』(2012), 『지금 우리에게 물어야 할 22가지 질문』(2012), 『철학의 오솔길』(2012), 『철학으로 산다는 것』(2015) 등이 있다.

옮긴 책으로는 …
『도덕과 종교의 두 원천』(H. 베르그송), 『인식과 관심』(J. 하버마스), 『중세철학 입문』(E. 질송), 『칸트의 비판철학』(S. 쾨르너), 『토마스 아퀴나스』(A. 케니), 『니체 생애』(K. 야스퍼스), 『서양철학사』(C. 프리틀라인), 『파라켈수스』(E. 카이 저), 『브루노』(J. 키르히호프), 『무한자와 우주와 세계 외』(G. 브루노), 『에티카 (개정판)』(B. 스피노자), 『고백록』(A. 아우구스티누스), 『꿈의 해석』(지그문트 프로이트), 『영원한 평화를 위해』(이마누엘 칸트), 『방법론』(르네 데카르트) 등이 있다.